Para Meus Filhos

Para Meus Filhos

Ensinamentos de
Sri Mata Amritanandamayi

Mata Amritanandamayi Center, San Ramon
Califórnia, Estados Unidos

Para Meus Filhos
Traduzido do original malaiala para o inglês por
Swami Ramakrishnananda Puri

Publicado por:
    Mata Amritanandamayi Center
    P.O. Box 613, San Ramon, CA 94583
    Estados Unidos

———— *For My Children (Portuguese)*————

Primeira edição por MA Centro: abril 2016

No Brasil: www.ammabrasil.org
Em Portugal: www.ammaportugal.or
Em Índia:
    www.amritapuri.org
    inform@amritapuri.org

Índice

Prefácio

A essência da Índia está em sua cultura, cujo objetivo final é o de Auto-realização para todos - elevar o homem comum até as alturas da consciência máxima. Enquanto a Índia se volta para o Ocidente em busca de confortos e prazeres materiais, o Ocidente, desiludido com a grandeza vazia do materialismo, cada vez mais se volta para as filosofias eternas do Oriente em busca de orientação e refúgio. Desde tempos imemoriais até hoje, os iluminados *mahatmas* (grandes almas) têm nascido na Índia com a finalidade de conduzir os buscadores da Verdade suprema até seu objetivo.

Algumas pessoas talvez se perguntem: "Por que precisaria de um guia espiritual? Não posso trilhar meu próprio caminho na senda espiritual, depois de ler alguns livros sobre o assunto?"

Se alguém deseja se tornar médico, deve estudar sob a tutela de professores versados no assunto. Mesmo depois de se formar em uma escola de medicina, é preciso fazer residência em um hospital sob a orientação de médicos praticantes. Muitos anos são necessários para tornar real o sonho de praticar a medicina. O que dizer, então, acerca do anseio de realizar a Verdade Suprema? Se desejamos sabedoria espiritual, precisamos procurar mestres espirituais autênticos, que estudaram, praticaram e vivenciaram a Verdade –que se tornaram personificações vivas da Verdade.

O que distingue um verdadeiro mestre de um impostor? Quando na presença de um sábio iluminado, sentimos uma aura palpável e inconfundível de amor e tranqüilidade. Podemos observar como ele trata a todos igualmente, com um amor que é ilimitado e totalmente incondicional, independentemente de seus vícios e virtudes, posição social, riqueza, religião ou raça. Cada palavra ou ação de um verdadeiro Mestre serve para elevar espiritualmente a pessoa. Não há qualquer traço de ego ou interesse em um mahatma, que, com os braços abertos, recebe e serve a todos.

Um exemplo ideal de tal mestre é Sri Mata Amritanandamayi Devi, que é cultuada em toda parte como a personificação da Mãe Universal. Este livro contém seleções de seus ensinamentos espirituais e responde as perguntas feitas com mais freqüência. As palavras da Mãe têm a simplicidade das de uma garota de aldeia e, ao mesmo tempo, a qualidade profunda e imediata de alguém que fala diretamente a partir da experiência divina. Seus ensinamentos são universais e aplicáveis às nossas vidas quotidianas, sejamos sérios aspirantes espirituais, buscadores com pouco interesse ou mesmo céticos.

Os ensinamentos da Amma exigem que pensemos. Não são simplesmente floreios pronunciados para alimentar nossa mente e intelecto. Pelo contrário, é preciso usar nosso intelecto e intuição para contemplar suas palavras e extrair todo o seu significado. Às vezes, pode parecer que uma idéia expressada neste pequeno livro esteja incompleta ou sem a explicação apropriada. Quando a Amma foi consultada para que desse maiores elaborações, ela disse: "Vamos deixar que eles pensem sobre o assunto". Isto significa que os princípios que ela expõe necessitam de contemplação, não de explicações exaustivas. Se alguém realmente deseja a Auto-realização e se dedica com sinceridade e humildade ao estudo e à prática destes ensinamentos, certamente poderá atingir a meta. Abra este livro em uma página ao acaso e descubra como as palavras da Mãe são dirigidas a você.

Uma síntese da vida de Amma

"Desde o momento em que nasci, senti um amor intenso pelo Nome de Deus, tanto que eu repetia incessantemente o Nome de Deus a cada respiração. Dessa forma, havia um constante fluxo de pensamentos divinos em minha mente, independentemente de onde estivesse ou o que estivesse fazendo. Essa lembrança incessante de Deus com amor e devoção seria de imensa ajuda a qualquer aspirante para atingir a realização divina."

Nascida em 27 de setembro de 1953 em um remoto vilarejo de pescadores na costa sudoeste da Índia, Sudhamani [Jóia Pura], como seus pais a chamaram, mostrava sinais de divindade desde o início. Ela nasceu com um singular tom de pele azul escuro e começou a falar a língua materna, o malaiala, com apenas seis meses de idade. Também começou a andar nessa idade, sem passar primeiro pela fase de engatinhar, como os bebês normalmente fazem.

Aos cinco anos, Sudhamani já compunha canções devocionais a Sri Krishna, canções cheias de amor e profundo anseio pelo Divino. Os versos, apesar de infantis em sua simplicidade inocente, eram cheios de uma extraordinária profundidade filosófica e mística. Ela ficou conhecida na aldeia por suas canções e sua bela voz expressiva. Com apenas nove anos de idade, teve de deixar a escola, porque sua mãe ficou doente com reumatismo e não pôde mais cuidar do serviço doméstico. Levantando-se bem antes do nascer do sol e trabalhando até as onze horas da noite, Sudhamani cozinhava para toda a família, cuidava das vacas, cabras e patos, lavava toda a roupa da família, limpava a casa e o quintal e assim por diante. Sempre que tinha um tempo disponível em suas longas jornadas, ela meditava ou dedicava canções afetuosas e orações ao Senhor Krishna.

Em pouco tempo, Sudhamani passou a ter muitas visões divinas e entrou em um estado de *samadhi* (união com Deus). Aos dezessete anos, esse estado tinha se aprofundado em uma união permanente com o Divino. Ela enxergava o mundo como a manifestação de Deus que tudo permeia. A simples menção de Deus fazia mergulhar sua mente em um estado de profunda absorção.

Nesta época, após uma visão, ela foi dominada por um intenso desejo de realizar a Mãe Divina. Renunciando ao repouso, ao alimento e ao abrigo, Sudhamani suportou austeridades severas. Esse período de intenso *tapas* [austeridades] culminou no aparecimento da Divina Mãe diante dela como um brilho da Luz Divina, que se fundiu com ela. Depois disso, Sudhamani não tinha mais vontade de se misturar com as pessoas e passava a maior parte do tempo em solidão, usufruindo do êxtase da Auto-realização.

Um dia, ela ouviu uma voz interna dizer: "Minha filha, eu habito nos corações de todos os seres e não tenho morada fixa. Você não veio a este mundo simplesmente para usufruir do puro êxtase do Ser, mas para confortar a humanidade sofredora. De agora em diante, adore-Me nos corações de todos os seres, aliviando-lhes o sofrimento da existência terrena."

Desde aquele dia, Sudhamani, a quem as pessoas começaram a chamar de "Amma" [Mãe], dedicou todos os momentos de sua vida ao bem-estar da humanidade. Todos os dias, milhares de pessoas de todo o mundo acorrem a Ela para receber seu amor, sua orientação e suas bênçãos, ou simplesmente para estar em sua presença. A Mãe também estabeleceu uma ampla rede de atividades beneficentes, espirituais e educacionais que incluem hospitais para os pobres, orfanatos, casas para os sem-teto, um lar para idosos, pensões para dezenas de milhares de mulheres dentre as mais pobres, refeições gratuitas e alívio em situações de calamidade. Essas manifestações práticas da compaixão da Mãe continuam a crescer e se expandir a um ritmo intenso. Sua organização, M.A. Math, foi reconhecida pela Organização das Nações Unidas.

A Amma ouve pacientemente a todos que acorrem a ela e falam sobre seus problemas. Ela os conforta como apenas uma mãe amorosa pode confortar. Mais ainda, alivia seu sofrimento. Ela diz: "Diferentes tipos de pessoas vêm ver a Amma, algumas por devoção, outras em busca de solução para seus problemas ou para serem curadas de suas doenças. A Amma não descarta ninguém. Como ela poderia rejeitar uma pessoa? Alguém é diferente dela? Não somos todos pérolas unidas no mesmo fio da vida? Cada pessoa vê a Mãe de acordo com seu nível de compreensão. Tanto os que me amam quanto os que me odeiam são iguais para mim."

Sobre a Amma

1. Filhos, a mãe que os colocou neste mundo pode cuidar dos assuntos relacionados a esta vida. Atualmente, até isso é raro. Mas o objetivo da Amma é conduzi-los de tal forma que vocês usufruam o êxtase em todas as suas vidas futuras.

2. Às vezes é dolorido quando o pus de uma ferida é espremido. Mas um verdadeiro médico deixaria de fazer isso apenas porque dói? Da mesma forma, quando suas vasanas [tendências inatas] estão sendo removidas, você sentirá um pouco de dor. Isto é para o seu próprio bem. Da mesma forma que um jardineiro remove as pestes que destroem o broto de uma planta, a Amma está retirando as tendências negativas de vocês.

3. Para você, pode ser fácil amar a Amma, mas isto não basta. Tente ver a Amma em todos. Meus filhos, não pensem que a Amma está limitada a este corpo somente.

4. Meus filhos, amar verdadeiramente a Amma é amar a todos os seres no mundo, igualmente.

5. O amor daqueles que amam a Amma apenas quando ela lhes manifesta amor não é amor verdadeiro. Somente aqueles que permanecem agarrados aos pés da Mãe, apesar de suas repri-mendas, têm verdadeira devoção.

6. Os que moram neste ashram e aprendem com cada ação da Amma encontrarão a libera-ção. Quando se contempla os atos e as palavras da Mãe, não há necessidade de estudar escritura alguma.

7. A mente tem que se apegar a alguma coisa, mas isto não é possível sem fé. Quando uma semente é plantada, seu crescimento para o alto depende de a raiz se aprofundar no solo. Sem estar enraizado na fé, o crescimento espiritual não é possível.

8. Não importa onde você esteja, você deve recitar seu mantra mentalmente ou meditar. Se isso não for possível, você pode ler livros espirituais. Não desperdice o tempo. A Amma não se preocupa com a perda de dez milhões de rúpias, mas fica muito aflita com o desperdício de um só momento. O dinheiro pode ser ganho novamente; mas o tempo que é perdido, não. Filhos, tenham sempre consciência do valor do tempo.

9. Meus filhos, a Amma não diz que vocês devem acreditar nela ou em um Deus no céu.

É suficiente acreditar em si mesmos. Tudo está dentro de vocês.

10. Se vocês realmente amam a Amma, façam práticas espirituais e conheçam o Ser. A Amma os ama sem esperar nada de vocês. Seria suficiente para a Amma, se ela pudesse ver seus filhos sempre desfrutando da paz eterna, indiferentes ao fato de ser dia ou noite.

11. Somente quando você amar de maneira abnegada até mesmo uma formiga, a Amma considerará que você a ama verdadeiramente. A Amma não considera real nenhuma outra forma de amor. O assim chamado amor que é nascido do egoísmo faz a Amma se sentir como se estivesse queimando.

12. A natureza da Amma varia de acordo com os pensamentos e ações das pessoas. A forma do Senhor como Narasimha (o homem-leão divino), que rugiu e atacou com grande fero-

cidade o rei demônio Hiranyakashipu, era pacífica na presença de Prahlada. Deus, que é puro e está além de todos os atributos, adotou diferentes aspectos de acordo com as ações deles. Da mesma forma, o comportamento da Amma muda de acordo com a atitude de seus filhos. A Amma, a quem vocês adoram como Snehamayi [a personificação do amor], às vezes pode parecer Krooramayi [a cruel]. Isto é para corrigir as falhas encontradas no comportamento de seus filhos. A única intenção da Amma é torná-los bons.

O Mestre Espiritual

13. Por que vagar por todas as lojas do mercado quando podemos comprar tudo o que precisamos em um estabelecimento específico? É uma perda de tempo desnecessária. De maneira semelhante, ao encontrar um mestre perfeito, não há necessidade de perambular; apenas faça sua prática espiritual e faça um esforço para alcançar a meta.

14. Um mestre espiritual é indispensável para um buscador. Se uma criança pequena se aproximar da margem de um lago, a mãe indicará o perigo e conduzirá a criança para longe dali. De modo semelhante, quando necessário, o mestre dá instruções apropriadas. Sua atenção está sempre voltada ao discípulo.

15. Embora Deus permeie tudo, a presença de um mestre espiritual é única. O vento sopra

em toda parte, mas desfrutamos um frescor especial sob a sombra de uma árvore. A brisa que sopra através das folhas de uma árvore não tem um efeito calmante sobre aqueles que estão viajando sob o sol quente? Da mesma forma, é necessário um mestre espiritual para aqueles que vivem no calor causticante da existência mundana. A presença do mestre nos dá paz interior e harmonia.

16. Filhos, não importa quanto tempo os excrementos fiquem debaixo do sol, o fedor não diminuirá se não forem expostos ao vento e ao ar. Da mesma forma, meditar durante eras não remove nossas vasanas, a não ser que vivamos com seu mestre espiritual. A graça do mestre é necessária. O mestre só derrama a sua graça sobre a mente inocente.

17. Para avançar espiritualmente, é necessário ter a atitude de total entrega ao mestre espi-

ritual. Quando uma criança está aprendendo o alfabeto, o professor segura seu dedo e faz com que ela trace letras na areia. O professor controla os movimentos do dedo da criança. Mas se a criança pensar, orgulhosamente, "Eu sei tudo", e se recusar a obedecer ao professor, como aprenderá alguma coisa?

18. Meus filhos, as experiências são, de fato, o guru de cada pessoa. O sofrimento é o professor que nos traz para mais perto de Deus.

19. Devemos sempre ter bhaya bhakti [devoção respeitosa] perante o nosso mestre espiritual. Ao mesmo tempo, devemos ter uma relação próxima com o mestre e sentir que ele é nosso. O relacionamento deve ser como o de mãe e filho. Por mais que a mãe dê palmadas no filho ou o afaste, o filho continua a se agarrar a ela. A devoção respeitosa nos ajudará a progredir espiritualmente, mas somente através

de um relacionamento próximo com o mestre haverá algum benefício real.

20. Meus filhos, simplesmente amar o seu mestre espiritual não destruirá suas vasanas. Vocês precisam de devoção e fé baseadas nos princípios essenciais da espiritualidade. Para desenvolver isso, é necessária a dedicação do corpo, da mente e do intelecto. Fé e obediência totais ao mestre serão suficientes para erradicar as vasanas.

21. Digamos que uma semente tenha sido plantada à sombra de uma árvore. Quando ela começa a brotar, deve ser transplantada, ou então não crescerá adequadamente. Da mesma forma, o discípulo deve ficar com o mestre por no mínimo dois ou três anos. Depois disso, ele deve desenvolver sua prática espiritual em um lugar isolado. Isto é necessário para o progresso espiritual do discípulo.

22. Um verdadeiro mestre desejará apenas o progresso espiritual do discípulo. Provas e testes são dados para o progresso do discípulo e para remover suas fraquezas. O mestre pode até culpar o discípulo por erros que ele não tenha cometido. Somente aqueles que suportam firmemente esses testes progredirão.

23. O verdadeiro Guru só pode ser conhecido através da experiência.

24. Uma galinha criada em condições artificiais não pode sobreviver sem que lhe forneçam comida e condições especiais, mas uma galinha caipira pode viver com qualquer alimento e sob quaisquer circunstâncias. Filhos, os aspirantes espirituais que moram com um mestre são como a galinha caipira. Terão a coragem para superar qualquer situação. Nada pode escravizá-los. Sempre carregarão com eles a

força adquirida pela associação íntima com
o mestre.

25. Um discípulo às vezes tem uma atitude
possessiva em relação ao seu mestre. Isto não
é destruído facilmente. O discípulo às vezes
deseja a quantidade máxima do amor do
mestre. Alguns discípulos podem insultar o
mestre e até abandoná-lo quando sentem que
não estão recebendo isso. Se o discípulo deseja
o amor do mestre, deve aprender a servir de
forma altruísta.

26. A ira de Deus pode ser apaziguada, mas
nem Deus perdoará o pecado nascido do des-
prezo pelo mestre espiritual.

27. Deus e o mestre espiritual estão dentro de
todas as pessoas. Contudo, nos estágios iniciais
da prática espiritual, um professor externo é da
máxima importância. Depois de certo nível,
entretanto, isso não é mais necessário. Daí em

diante, o aspirante espiritual será capaz de perceber os princípios essenciais em tudo e assim seguirá adiante sozinho. Até que uma criança se torne consciente de seu objetivo, ela estuda suas lições por medo de ser censurada por seus pais e professores. Uma vez que ele se conscientiza de sua meta, passa a estudar por iniciativa própria, abdicando de sono e de diversões, como o cinema. O medo e a reverência que ele sentia até então não eram fraquezas. Filhos, quando a consciência da meta começar a se manifestar, o guru interior também despertará dentro de vocês espontaneamente.

28. Mesmo que uma pessoa possa entrar em contato com um mestre espiritual, ela será aceita como discípula apenas se estiver pronta para ser uma discípula. Sem a graça do mestre, uma pessoa não pode conhecer o mestre. Aquele que realmente está em busca da verdade tem humildade e simplicidade. A graça do

mestre espiritual só é derramada sobre uma pessoa assim. Uma pessoa cheia de ego não pode ter acesso ao mestre.

29. Filhos, pode-se dizer: "Eu e Deus somos um e a mesma coisa", mas um discípulo nunca deve dizer: "Eu e meu mestre somos a mesma coisa", pois o mestre espiritual é aquele que desperta o Ser divino em na pessoa. Esta grandeza única vai permanecer para sempre. O discípulo deve se comportar de acordo com isso.

30. Assim como uma galinha protege seus pintinhos recém-chocados debaixo de sua asa, o verdadeiro mestre toma um cuidado total com aqueles que vivem de acordo com suas instruções. Ele vai apontar até os menores erros e corrigi-los imediatamente. Ele não vai permitir que mesmo uma parcela ínfima de ego se desenvolva. Às vezes, para aparar o orgulho

de alguém, o mestre pode agir de uma maneira que parece cruel.

31. Quando você vê um ferreiro martelando um pedaço de ferro quente contra uma pedra, talvez pense que ele está sendo cruel. A peça de ferro também pode sentir que o ferreiro é o bruto mais cruel do mundo. Mas, enquanto desfere cada golpe, o ferreiro pensa apenas na nova forma que está prestes a emergir. Meus filhos, assim é um verdadeiro mestre espiritual.

Deus

32. Muitas pessoas perguntam: "Deus existe? Se existe, onde Ele está?" Pergunte a essas pessoas: "O que veio primeiro, o ovo ou a galinha?" ou "O que veio primeiro, o coco ou o coqueiro?" Quem pode responder a tais perguntas? Existe uma força além do coco e do coqueiro que atua como substrato de tudo, um poder que está além das palavras. Esta força é Deus. Filhos, essa causa primordial de tudo é chamada Deus.

33. Meus filhos, negar a existência de Deus é como usar sua língua para dizer: "Eu não tenho língua". Assim como uma árvore está contida em uma semente, e a manteiga, no creme, Deus habita em tudo.

34. Embora a árvore esteja latente dentro da semente, esta deve ter a humildade de deixar-se

enterrar no solo para que venha a germinar. Para o ovo se abrir, tem que ser chocado. Uma grande quantidade de paciência é necessária. A manteiga só pode ser separada do leite se for batido e coalhado. Embora Deus permeie tudo, é necessário um grande esforço para alcançá-Lo.

35. Onde quer que haja ego e egoísmo, Deus não pode ser visto. Se, por causa de nossas preces sinceras, Deus der um passo em nossa direção, Ele se afastará mil passos por causa de nosso egoísmo. Você não leva tempo nenhum para pular dentro de um poço, mas é difícil escalá-lo e sair dele. De modo semelhante, a graça de Deus, que é tão difícil de ser obtida, pode ser perdida em um instante.

36. Meus filhos, mesmo se uma pessoa fizer penitência durante muitas vidas, a Auto-rea-

lização não é possível sem amor puro e anseio pelo Ser Supremo.

37. Uma mulher é considerada uma irmã por seu irmão, uma esposa por seu marido e uma filha por seu pai. Mas, não importa como cada um possa vê-la, ela é uma única pessoa. Da mesma forma, Deus é Um. Todas as pessoas olham para Deus a seu próprio modo, de acordo com suas próprias atitudes.

38. Deus pode assumir qualquer forma. Quando se modela a argila em figuras diferentes, como um elefante ou um cavalo, a argila continua sendo argila. Formas diferentes estão latentes na argila, que não tem uma forma. Qualquer formato pode ser igualmente talhado na madeira, mas se você vê a madeira como madeira, então é isso que é. Do mesmo modo, Deus permeia tudo e não tem atributos, mas

Ele ou Ela se revela de acordo com a concepção que temos dele ou dela.

39. Meus filhos, assim como a água se transforma em gelo e novamente se derrete, Deus, por Sua vontade, pode assumir qualquer forma e, em seguida, retornar à Sua natureza primitiva.

40. A água que flui para várias direções pode ser armazenada em um reservatório, quando se constrói uma barragem. A força da água então pode gerar eletricidade. De modo igual, se a mente que vaga por diversos objetos dos sentidos for treinada para se concentrar, a visão de Deus poderá ser alcançada por este poder de concentração.

41. Meus filhos, quando nos refugiamos em Deus, não há nada a temer. Deus cuidará de tudo. Há uma brincadeira infantil chamada pique-pega. Uma criança caça as outras e

tenta tocar em uma delas. As outras correm, tentando fugir. Se alguma das crianças tocar em uma árvore designada como "pique", não poderá ser pega. Da mesma forma, se nos apoiamos em Deus, ninguém pode nos fazer nada.

42. Quando uma pessoa olha o retrato de seu pai, não pensa no artista ou na pintura; só se lembra do pai. Do mesmo modo, um devoto vê Deus, o Pai e a Mãe Universais, nas imagens sagradas. Ateus podem dizer que o escultor é quem deveria ser adorado, e não a imagem. Mas falam isso apenas porque não têm nenhum conceito de Deus ou dos princípios por trás do culto das imagens sagradas, meus filhos.

43. Não faz sentido culpar Deus pelos problemas e injustiças do mundo. Deus nos mostrou o caminho correto e não é responsável pelas misérias que criamos ao não seguirmos esse

caminho. Não faz sentido encontrar defeito em Deus. Uma mãe dirá a seu filho: "Não toque no fogo nem ande na beira do lago". Se a criança se recusar a obedecer e queimar a mão ou cair no lago, por que culpar a mãe?

44. Quem diz que Deus vai fazer tudo e fica sentado à-toa é preguiçoso. Deus nos deu inteligência para praticar todos os atos com discernimento. Que utilidade teria nossa inteligência se simplesmente disséssemos que Deus vai cuidar de tudo?

45. Algumas pessoas podem argumentar: "Se tudo é a vontade de Deus, não é também Deus que nos faz cometer erros?" Não tem sentido falar isso. A responsabilidade por qualquer ação que praticamos com o sentido de ego recai sobre nós mesmos e não sobre Deus. Se realmente acreditamos que foi Deus que nos levou a cometer um crime, também deveríamos

aceitar como divina a condenação à morte proferida por um juiz. Seremos capazes disso?

46. Meus filhos, a realização de Deus e a Auto-realização são a mesma coisa. A capacidade de se expandir, a perfeita equanimidade e a capacidade de amar a todos – isso é a realização de Deus.

47. Mesmo que todos os seres do mundo nos amassem, não teríamos nem uma parcela ínfima do êxtase que sentimos com uma experiência momentânea do amor de Deus. Tão imenso é o êxtase que sentimos com o amor de Deus, meus filhos, que nenhuma quantidade de amor pode ser comparável a essa experiência.

48. Só porque você não pode ver Deus, pode dizer que Deus não existe? Há muitos que nunca viram o próprio avô e por isso dizem que o pai deles não tinha pai?

49. Enquanto crianças, fazemos muitas perguntas e aprendemos muito com nossas mães e cooperamos com elas. Quando crescemos um pouco, contamos nossos problemas para nossos amigos. Quando adultos, confiamos nossos sofrimentos aos nossos cônjuges. É este o nosso samskara (tendência inata), mas precisamos mudar isso. Devemos ser capazes de confiar nossas dores a algo muito maior. Temos que dividir nossas dificuldades com alguém —não podemos progredir sem um companheiro. Deixemos que este confidente e companheiro seja Deus.

50. O amigo de hoje pode ser o inimigo de amanhã. Deus é o único amigo no qual podemos confiar verdadeiramente e em quem poderemos buscar refúgio.

51. Deus ganha alguma coisa com a nossa crença Nele? O sol precisa da luz de uma vela?

É o crente que se beneficia com a própria fé. Quando temos fé, quando fazemos adorações a Deus em um templo e vemos a cânfora ser queimada como uma oferenda, somos nós que experienciamos concentração e paz.

52. Pessoas de religiões diferentes seguem costumes diferentes e têm locais de culto diferentes, mas Deus é único e o mesmo. Muito embora o leite seja chamado "pal" em malaiala e "dhoodh" em hindi, a substância e a cor são exatamente as mesmas. Os cristãos cultuam Cristo. Os muçulmanos chamam Deus de Alá. A forma de Krishna não é a mesma em Kerala e no norte da Índia, onde ele é retratado usando um turbante, e assim por diante. Cada pessoa compreende e adora a Deus de acordo com a sua própria cultura e critério. As encarnações divinas retrataram o mesmo Deus em diferentes formas, de acordo com as necessidades da época e as diferentes preferências das pessoas.

53. Para uma pessoa se elevar do nível da identificação com o corpo para o do glorioso Ser Superior, ela deve sentir o desespero de alguém que está preso em um incêndio ou está sendo tragado por águas profundas. Uma pessoa com tamanha intensidade não terá de esperar muito pela visão de Deus.

54. Filhos, quando alguém perde a chave, procura um chaveiro para abrir a fechadura. Para se abrir a fechadura da atração e aversão, precisamos buscar a chave que está nas mãos de Deus.

55. Deus é a base de tudo. Nossa fé em Deus fará o amor desabrochar dentro de nós. Desse amor nascerá o sentido de dharma e de justiça. Então, sentiremos paz. Deveríamos ser tão ávidos por simpatizar com as dores dos outros quanto somos por colocar pomada em

nossa mão queimada. Essa qualidade pode ser desenvolvida pela fé absoluta em Deus.

Mahatmas

Grandes almas

56. "O mesmo Ser Superior que habita em todos os seres habita em mim também. Nada é diferente ou separado de mim. Os sofrimentos e dificuldades dos outros são os meus próprios." Aquele que compreende essas verdades através da própria experiência é um jnani [sábio].

57. A diferença entre uma encarnação divina e uma alma individual liberada pode ser comparada à diferença entre um cantor que já nasceu como prodígio musical e outro que recém aprendeu a cantar. O primeiro talvez aprenda uma canção apenas ouvindo-a uma vez, enquanto o segundo precisará de mais tempo.

58. Uma vez que tudo é parte de Deus, todo mundo é uma encarnação divina. Aqueles que não sabem que são parte de Deus e pensam: "Eu sou o corpo. Esta é a minha casa e minha propriedade" são jivas (almas individuais).

59. A descida de Deus para a forma humana é chamada de avatar [encarnação divina]. O avatar tem um sentido de plenitude que os outros não têm. Como o avatar é uno com a natureza, a mente dele não é o que normalmente chamamos de mente. Todas as mentes fazem parte da Mente da encarnação divina. A encarnação é a mente universal. Ele ou ela a está além de todos os pares de opostos, tais como pureza e impureza, alegria e tristeza.

60. Nenhum limite pode conter uma encarnação divina. Um avatar de Brahman (o Ser Absoluto) é como um iceberg no Oceano. O poder pleno de Deus não pode ser confinado

em um corpo humano normal, de menos de dois metros de altura, mas Deus pode trabalhar à vontade através desse corpo diminuto. Esta é a singularidade de uma encarnação divina.

61. As encarnações divinas são de grande ajuda para aproximar as pessoas de Deus. É só para o nosso bem que Deus assume uma forma. Um avatar não é o corpo, embora assim pareça para nós.

62. Aonde quer que um mahatma vá, as pessoas se reúnem ao seu redor. As pessoas são atraídas por eles da mesma forma que o pó é tragado por um redemoinho de vento. Sua respiração e até mesmo a simples brisa que toca seu corpo é benéfica para o mundo.

63. Meus filhos, Jesus foi crucificado e Krishna foi morto por uma flecha. Essas coisas só aconteceram pela vontade deles. Ninguém pode se aproximar de uma encarnação divina

contra a vontade dela. Krishna e Jesus poderiam ter transformado em cinzas aqueles que se opuseram a eles, mas não o fizeram. Eles assumiram um corpo apenas para dar um exemplo para o mundo. Eles vieram para demonstrar o significado do sacrifício.

64. Um sannyasin (monge) é alguém que renunciou a tudo. Ele suporta e perdoa os erros dos outros e os conduz amorosamente pelo caminho justo. Ele é um exemplo de auto--sacrifício. Está feliz sempre, sem depender de objetos externos para se alegrar. Ele se alegra em seu próprio Ser.

65. Um adulto que segura a mão de uma criança, anda devagar e a passos pequenos para evitar que ela tropece e caia. Da mesma forma, para elevar as pessoas, é preciso conduzi-las em seu próprio nível. Um buscador nunca deve se

orgulhar pensando "sou um sannyasin". Ele deve estabelecer um exemplo para o mundo.

66. Sri Krishna representou vários papéis em sua vida: menino vaqueiro, rei, mensageiro, dono de casa e condutor de carruagem. Ele nunca ficou distante, a dizer "sou o Rei". Krishna ensinou que cada pessoa deve ser guiada de acordo com o samskara (disposição mental) dela. Só almas grandes assim podem conduzir o mundo.

67. Há quem vista o hábito ocre e, orgulhosamente, declare "sou um sannyasin". Eles são como taiobas selvagens. Tanto as plantas selvagens como as cultivadas têm a mesma aparência, mas as selvagens não são comestíveis. O ocre é a cor do fogo. Só aqueles que queimaram a consciência de seus corpos estão prontos a usar vestes desta cor.

Escrituras

68. Meus filhos, as escrituras são as experiências dos rishis [videntes Auto-realizados]. Elas não podem ser compreendidas através do intelecto. Elas só podem ser realizadas através da experiência.

69. Não precisamos aprender todas as escrituras; elas são tão vastas quanto o oceano. Devemos extrair apenas os princípios essenciais das escrituras, da mesma forma que fazemos com as pérolas do mar. Uma pessoa que chupa cana toma o suco e cospe o bagaço.

70. Apenas aqueles que fizeram prática espiritual podem apreender os aspectos sutis das escrituras.

71. O estudo das escrituras por si só não conduz à perfeição. Para curar uma doença, a

leitura das instruções de um frasco de remédio não é suficiente. O remédio tem que ser ingerido. A liberação não pode ser atingida simplesmente estudando-se as escrituras. A prática é essencial.

72. Praticar meditação junto com o estudo das escrituras é melhor do que meditar sem o apoio do conhecimento dos textos sagrados. Quando a mente se agita, aquele que tem um embasamento das escrituras pode recuperar a força através da reflexão sobre as palavras sagradas. Elas o ajudam a superar suas fraquezas. Somente quem combina prática espiritual com o estudo das escrituras pode realmente servir ao mundo de forma desapegada.

73. O estudo das escrituras é necessário até certo ponto. Uma pessoa que tenha estudado agronomia pode facilmente plantar e cultivar um coqueiro. Se houver algum sintoma

de doença, ela estará familiarizada com os remédios apropriados e saberá como tratar da árvore.

74. Não podemos saciar nossa sede simplesmente desenhando a figura de um coqueiro. Para obter cocos, primeiro precisamos plantar e nutrir a muda do coqueiro. Da mesma forma, para vivenciar tudo o que está descrito nas escrituras, temos que desenvolver práticas espirituais.

75. Uma pessoa que passa o tempo apenas aprendendo as palavras das escrituras, sem fazer nenhuma prática espiritual, é como um louco que tenta viver no projeto de uma casa.

76. Se um viajante está familiarizado com o percurso que está fazendo, a viagem será fácil, e ele rapidamente alcançará o destino. Meus filhos, as escrituras são os mapas rodoviários

que nos mostram o caminho para nosso objetivo espiritual.

77. Uma pessoa que tenha escolhido a vida espiritual não deve passar mais do que três horas por dia estudando as escrituras. O resto do tempo deve ser dedicado à repetição do mantra e à meditação.

78. O excesso de estudo de escrituras impedirá a pessoa de meditar. O desejo de ensinar outras pessoas estará sempre em sua mente. O estudioso vai pensar: "Sou Brahman. Por que devo meditar?" Mesmo que tente sentar em meditação, a mente não permitirá e forçará o estudioso a se levantar.

79. Meus filhos, o que vocês ganharão passando a vida toda estudando as escrituras? Para conhecer o sabor do açúcar, não é preciso comer um saco inteiro, uma pitada será suficiente.

80. O grão no celeiro acredita que é auto-
-suficiente. Ele diz: "Por que eu devo me
curvar para o solo?" Ele não compreende que
somente se sair do celeiro e germinar, poderá
se multiplicar e ser de alguma utilidade. Se
permanecer no celeiro, ele apenas se tornará
alimento para os ratos. As pessoas que estudam
as escrituras sem fazer práticas espirituais são
como o grão no celeiro. Como podem utilizar
seu conhecimento de forma apropriada sem ter
feito prática espiritual? Essas pessoas são como
papagaios; só sabem repetir: "Sou Brahman,
sou Brahman".

Jnana, Bhakti e Karma Ioga

Os Caminhos do Conhecimento, da Devoção e da Ação

81. Uma pessoa pode gostar de comer jaca crua, outra pode gostar da fruta cozida, enquanto uma terceira pessoa a prefere frita. Mas, embora os sabores difiram, a finalidade de comer a fruta é matar a fome. Da mesma forma, cada pessoa adota um caminho diferente em direção ao conhecimento de Deus. Meus filhos, qualquer que seja o caminho que vocês escolherem percorrer, o objetivo é o mesmo: a realização de Deus.

82. A devoção, sem a compreensão correta dos princípios básicos da espiritualidade, só pode levar ao apego; não pode conceder a vocês a liberação. A planta do jasmim não cresce

para cima, espalha seus galhos para os lados, enroscando-se em outras árvores.

83. Conhecimento sem devoção é como comer pedras.

84. Ter devoção verdadeira, enraizada na essência da espiritualidade, é tomar refúgio no Deus uno -que se manifesta como tudo- com amor desapegado, sem pensar que existem muitos deuses separados. Com o objetivo claro na mente, devemos progredir. Se alguém quer ir para o leste, é inútil viajar rumo ao oeste.

85. Meus filhos, o objetivo da vida é a Auto--realização. Empenhem-se nisso! O remédio deve ser aplicado sobre a ferida somente depois de ela ter sido lavada de toda sujeira. Se a sujeira permanecer, a ferida não será curada e poderá infeccionar. Da mesma forma, somente após a remoção do ego com as águas da devoção e do amor, o conhecimento supremo deverá ser

transmitido. Somente então, vocês se desenvolverão espiritualmente.

86. Se a manteiga for derretida, não fica rançosa. Mas, se ela se recusar a ser derretida dizendo "sou manteiga!", vai acabar cheirando mal. Meus filhos, é apenas por meio da devoção que podemos fazer derreter o ego e outras impurezas.

87. Algumas pessoas perguntam por que a Mãe dá tanta importância à bhakti ioga (o caminho da devoção). Filhos, mesmo Shankaracharya, que fundou o ramo filosófico Advaita (do não-dualismo), ao final escreveu o texto devocional "Soundarya Lahari". O sábio Vyasa, que compôs os "Brahma Sutras", só ficou contente depois de escrever o "Srimad Bhagavatam", que glorifica a vida de Sri Krishna. Shankara e Vyasa compuseram trabalhos devocionais porque sabiam que falar sobre Advaita

ou a filosofia dos "Brahma Sutras" era de pouco
uso para as pessoas comuns. Só uma ou duas
pessoas em mil são capazes de alcançar a meta
através de jnana ioga (o caminho do conhecimento e sabedoria). Como a Amma poderia
rejeitar o restante dos buscadores? Para eles,
somente bhakti ioga dará benefícios.

88. Se seguirmos o caminho da devoção e do
amor, poderemos usufruir o fruto do êxtase
desde o início, ao passo que, nos outros caminhos, o fruto só pode ser saboreado no final.
O caminho da devoção é como a jaqueira,
que dá frutos em sua base. Em outras árvores,
muitas vezes é preciso escalá-las até o topo para
apanhar os frutos.

89. No início, precisamos ter bhaya bhakti
[devoção com elementos de temor e reverên-
cia] por Deus. Depois, isso não é necessário.
Quando o estado de amor supremo é alcan-

çado, os elementos de temor e reverência desaparecem.

90. Todo mundo diz que praticar ações é suficiente. No entanto, para praticar ações de forma correta, é necessário o conhecimento. Ação sem conhecimento não será uma ação correta.

91. As ações praticadas com grande atenção os conduzirão a Deus. Fiquem muito atentos e alertas, pois somente assim vocês podem ganhar concentração. Muitas vezes, só depois de a ação ter sido feita é que vemos que poderíamos ter prestado mais atenção. Somente depois que saímos da sala onde fizemos uma prova é que pensamos: "Ai, não! Eu devia ter respondido de outra maneira!" De que vale pensar nisso depois?

92. Meus filhos, toda ação deve ser praticada com grande atenção e vigilância. As ações

praticadas sem essas qualidades são inúteis. Um aspirante espiritual pode se lembrar dos detalhes das tarefas executadas há anos atrás por causa da máxima atenção com a qual foram executadas. Devemos prestar muita atenção mesmo quando executamos tarefas aparentemente banais.

93. Uma agulha pode parecer insignificante, mas somos muito cuidadosos quando a usamos. Sem atenção, não podemos passar o fio pelo buraco da agulha. Se formos desatentos por um momento ao costurar, podemos furar o dedo com a agulha. Nunca deixamos a agulha jogada displicentemente, pois ela pode furar o pé de alguém, o que causaria sofrimento. Um aspirante espiritual deve exercitar essa mesma atenção sempre que fizer qualquer tarefa.

94. Não se deve falar durante o trabalho. Se falarmos, não conseguiremos concentração; e

trabalhar sem concentração ou atenção é inútil. Qualquer que seja o trabalho que façamos, não devemos esquecer de repetir nosso mantra. Se o trabalho for tal que não seja possível repetir o mantra, então devemos orar antes de começar o trabalho: "Oh Deus, é por meio de Vosso poder que estou fazendo o Vosso trabalho. Dai-me a força e a capacidade para executá-lo bem.".

95. Poucas são as pessoas que têm a disposição interior herdada de vidas anteriores para conseguir seguir o caminho do jnana [conhecimento e sabedoria supremos]. Entretanto, os que têm um verdadeiro mestre espiritual podem seguir qualquer caminho.

96. Primeiro, são necessárias vigilância externa e consciência. Sem issso, não será possível conquistar a natureza interna.

97. Aquele que sempre mantém Deus em sua mente ao realizar qualquer trabalho é um

autêntico carma iogue, o verdadeiro buscador. Ele enxerga Deus em qualquer trabalho que faça. Sua mente não está no trabalho, ela descansa em Deus.

Pranayama

Exercícios de respiração

98. O pranayama deve ser praticado com o máximo de cuidado. Enquanto pratica esses exercícios, o aspirante deve se sentar com a espinha ereta. Doenças comuns podem ser tratadas e curadas, mas não as causadas pela prática incorreta do pranayama.

99. Quando o pranayama é praticado, haverá um pouco de movimento nos intestinos, na área abdominal inferior. Cada exercício de pranayama deve ser praticado por um período de tempo específico. Se estas regras forem violadas, o sistema digestivo será irreparavelmente danificado, e o alimento passará através dele sem ser digerido. Conseqüentemente, o pranayama deve ser praticado apenas sob a orientação direta de um adepto, alguém que

saiba exatamente o que deve ser feito a cada estágio do progresso espiritual da pessoa, alguém que possa dar as instruções necessárias e também as ervas medicinais apropriadas, se necessário. Pode ser perigoso praticar o pranayama seguindo apenas a orientação de livros. Ninguém deve fazer isso, nunca.

100. Meus filhos, o número de vezes em que o pranayama deve ser executado é específico para cada etapa. Se essas especificações não forem seguidas corretamente, os exercícios podem ser perigosos. O efeito seria como tentar encher um saco de cinco quilos com o conteúdo de um saco de dez quilos.

101. Kumbhaka é a quietude da respiração que ocorre quando se obtém a concentração real. Pode-se dizer que respiração é pensamento. Assim, o ritmo da respiração mudará de acordo com a concentração da mente.

102. Mesmo sem fazer pranayama, kumbhaka pode ocorrer por meio da devoção. Basta repetir o mantra continuamente.

Meditação

103. Educação ou conhecimento real é tornar a mente concentrada.

104. Pode-se meditar fixando a atenção no centro do coração ou entre as sobrancelhas. Se você não puder se sentar confortavelmente em uma determinada postura, pode meditar fixando sua atenção no coração. A meditação com o foco entre as sobrancelhas só deve ser praticada na presença de um mestre, porque a cabeça pode esquentar, e a pessoa pode sentir dores de cabeça e vertigens durante essa meditação. Ela também poderá ter insônia. O mestre sabe o que deve ser feito, se isso ocorrer.

105. A meditação ajuda a liberar a mente da inquietação e da tensão. Não é preciso acreditar em Deus para meditar. Você pode focalizar sua mente em qualquer parte do corpo ou em qual-

quer ponto. Também pode imaginar que está se fundindo com o infinito, da mesma forma que um rio se funde com o oceano.

106. A felicidade não vem de objetos externos, mas da dissolução da mente. Através da meditação, não apenas o êxtase, mas também longevidade, vitalidade, saúde, encanto, resistência e inteligência podem ser alcançados. A meditação, entretanto, deve ser praticada de forma correta, em solidão e com cuidado.

107. É possível obter concentração real e pureza mental meditando-se em uma das formas de Deus. Sem que estejamos nem mesmo conscientes disso, as qualidades sátvicas de nossa Divindade Amada se desenvolverão dentro de nós. Não deixe sua mente vagar nem quando estiver sentado à toa. Aonde quer que seus olhos mirem, imagine a forma de sua Deidade ali.

108. Se você prefere meditar com uma chama, está bem. Sente-se em uma sala escura e olhe por um longo tempo para a chama de uma vela ou para uma outra chama pequena. A chama deve estar parada. Você pode meditar sobre essa chama visualizando-a em seu coração ou entre as sobrancelhas. Depois do olhar fixo para a chama por algum tempo, você verá uma luz quando fechar os olhos. Você pode se concentrar nessa luz. Você também pode meditar imaginando a sua Divindade Amada na chama sacrificial, porque assim você pode imaginar que está dando seu ego, raiva, ciúme – todas as suas qualidades negativas – para sua Divindade Amada, para queimá-las no fogo sacrificial.

109. Não pare de meditar somente porque a imagem não está clara em sua mente. Visualize cada parte de sua Divindade Amada, indo da cabeça aos pés. Dê um banho ritual na Divindade. Adorne-a com roupas e ornamentos.

Alimente-A com suas próprias mãos. Através destas visualizações, a forma de sua Divindade Amada não desvanecerá de sua mente.

110. Meus filhos, forçar a mente a meditar é como tentar afundar um pedaço de madeira na água; quando você afrouxa a mão, a madeira imediatamente volta à superfície. Se não for possível meditar, repita seu mantra. A repetição do mantra ajudará a mente a se tornar capaz de meditar.

111. No início, é preciso meditar em uma forma. Através dessa prática, fixamos nossa mente na Divindade Amada. A concentração é importante, qualquer que seja o modo de meditar ou o objeto de meditação. Para quê colar selos e enviar uma carta sem escrever o endereço? Recitar o mantra ou meditar sem concentração é como fazer isso.

112. Quando tentamos eliminar pensamentos negativos, eles começam a causar problemas. Quando éramos tolerantes com tais pensamentos, não éramos incomodados por eles. É quando adotamos uma atitude diferente que nos tornamos conscientes de nossas negatividades. Os pensamentos negativos estavam sempre lá; apenas não os notávamos. Quando esses pensamentos surgem durante a meditação, devemos raciocinar da seguinte maneira: "Mente, qual a utilidade de se demorar nesses pensamentos? Seu objetivo é pensar sobre tais coisas?" Devemos usar nosso discernimento dessa forma. Deve-se desenvolver total desinteresse por objetos e pensamentos mundanos. Deve-se cultivar o desprendimento, e o amor por Deus deve crescer.

113. Filhos, se vocês se sentirem sonolentos durante a meditação, devem tomar cuidado especial para não sucumbir à escravidão

do sono. Quando se sentirem sonolentos, levantem-se e caminhem reepetindo o mantra; então, tamas [letargia] irá embora. Nos estágios iniciais da meditação, todas as qualidades tamásicas emergirão. Se vocês forem vigilantes, no devido tempo, elas desaparecerão. Quando se sentirem sonolentos, recitem o mantra usando um mala [rosário]. Segurando o rosário próximo ao peito, cantem o mantra calmamente, com atenção. Quando meditarem, não apóiem as costas nem movam as pernas.

114. Independentemente de onde estejam, sentados ou em pé, a coluna deve ficar sempre ereta. Não meditem com a coluna curvada. A mente é um ladrão, sempre à espreita pela oportunidade de roubá-lo às escondidas. Se vocês se recostarem em alguma coisa, podem adormecer sem nem perceber.

115. É preciso um mínimo de três anos para se fixar bem a imagem sobre a qual se medita internamente. Inicialmente, o empenho para se alcançar a concentração deve ser feito olhando para a imagem da Deidade Amada. Depois de dez minutos olhando para a imagem, você pode meditar por dez minutos de olhos fechados. Se meditar assim, com o tempo, a forma vai ficar clara.

116. Se a forma se esvaecer de sua mente durante a meditação, tente visualizá-la novamente. Você também pode imaginar que enrola e desenrola um cordão de japa ao redor da Divindade Amada, da cabeça aos pés e dos pés à cabeça. Isto o ajudará a fixar a mente na forma.

117. Falar logo após a meditação é como gastar em amendoins todo o dinheiro conseguido a duras penas. O poder adquirido através da meditação será completamente desperdiçado.

118. À noite, a atmosfera é calma porque a essa hora os pássaros, os animais e as pessoas mundanas estão subjugadas pelo sono. Há, conseqüentemente, menos ondas de pensamento terreno no ambiente, à noite. As flores desabrocham nessas horas e a atmosfera tem um efeito revigorante singular. Quando a meditação é feita nessas horas, a mente se foca com facilidade e permanece absorta em meditação por muito tempo. A noite é o período em que os iogues ficam acordados.

119. Na meditação com forma, meditamos em nosso verdadeiro Ser. Ao meio-dia, quando o sol está a pino bem em cima de nossas cabeças, não há sombra. A meditação em uma forma é assim: quando você atinge certo estágio, a forma na qual você medita desaparece, e você se funde com Aquilo. Quando o estágio da Perfeição é alcançado, não há sombra, nem dualidade, nem ilusão.

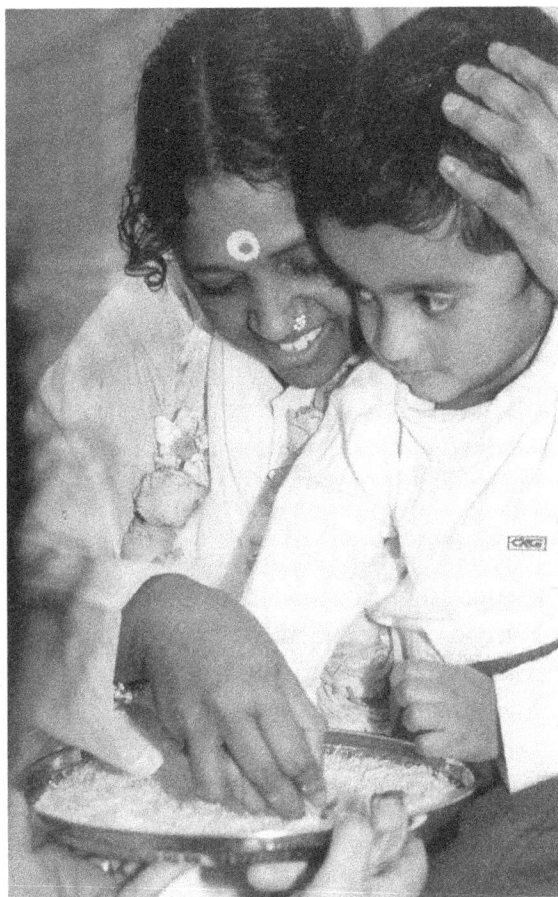

Mantra

120. Se os mantras não têm poder, então as palavras tampouco têm poder. Alguém que diz, com raiva, a uma pessoa "saia daqui!" vai provocar um efeito totalmente diferente de quem pede, gentilmente, "por favor, retire-se". Isso não provoca diferentes reações no ouvinte?

121. Recitamos um mantra para tornar nossas mentes puras, não para satisfazer a Deus. Qual o benefício de um mantra para Deus?

122. Não perturbem o intelecto refletindo sobre o significado do seu mantra; basta recitá-lo. Vocês podem ter vindo ao ashram de ônibus, de carro, de barco ou de trem, mas, uma vez aqui, perdem tempo pensando sobre o veículo? Estar consciente do objetivo é tudo o que é necessário.

123. Há diferentes tipos de diksha [iniciação]: diksha através de um olhar, toque ou pensamento de um mahatma, ou com um mantra. A iniciação pelo mantra deve ser recebida de um satguru [mestre realizado]. Se o mestre for charlatão, o resultado será como usar um filtro sujo para purificar a água: esta ficará ainda mais impura.

124. Meus filhos, mesmo depois de vocês terem embarcado no ônibus e comprado a passagem, não devem ser negligentes. A passagem deve ser guardada em segurança. Se vocês não puderem mostrar a passagem quando o fiscal chegar, ele os tirará do ônibus. Da mesma forma, só porque vocês receberam um mantra, não pensem que seu trabalho termina aí. Somente se usado apropriadamente, o mantra os conduzirá ao objetivo.

125. Meus filhos, é difícil remar um barco que se move através de águas cobertas de plantas aquáticas. Se removermos as plantas primeiro, o barco vai se mover com mais facilidade. Da mesma forma, a meditação será mais fácil se as impurezas da mente forem eliminadas pela recitação do mantra.

126. É importante recitar o mantra com consciência. À medida que você repete o mantra, tente evitar todos os outros pensamentos. Deve-se tomar cuidado para fixar a mente na forma de sua meditação ou nas letras do mantra.

127. Meus filhos, recitem sempre seu mantra. A mente deve ser treinada a repetir o mantra incessantemente, de forma que não importe o que vocês estejam fazendo, o mantra estará sendo cantado. Uma aranha tece a sua teia aonde quer que ela vá. Da mesma forma, ao

praticar cada atividade, devemos continuar a fazer o japa mentalmente.

128. Por mais que alimentemos e acariciemos um gato, no momento em que nos distraímos, ele rouba um alimento. É assim que é a mente. Tentem domar e concentrar a mente, sempre repetindo seu mantra. Enquanto caminham, sentados ou trabalhando, o mantra deve continuar a fluir, como óleo sendo derramado de um recipiente para outro.

129. Nos estágios iniciais de sua prática espiritual, além de contemplar uma imagem, repetir o mantra também é necessário. Não se preocupe se a forma não está clara em sua mente; basta continuar recitando o mantra nessa hora. Na medida em que você progride, a mente eventualmente se estabelece na forma e a repetição do mantra vai se desacelerar naturalmente.

130. Meus filhos, não é necessário recitar todos os diferentes Sahasranamas [um Sahasranama é uma coleção de nomes que descrevem os diferentes aspectos de uma divindade]. Qualquer um deles é suficiente. Tudo está contido em cada Sahasranama.

131. Meus filhos, sempre que a mente estiver agitada, repitam seu mantra. De outra forma, a agitação apenas aumentará. Quando a mente não está calma, ela se refugia nos objetos externos; quando isto não é proveitoso, a mente se volta para outra coisa. Objetos externos não podem dar paz. A paz da mente somente será restaurada concentrando-se em Deus e recitando o mantra. A leitura de livros espirituais também é benéfica.

132. As crianças aprendem a contar usando um ábaco. Com esse método, elas podem aprender com rapidez. Da mesma forma, ao

começar a aprender a controlar a mente, é bom usar um mala quando repetirem seu mantra. Mais tarde, vocês não precisarão mais de um mala. Se repetirem o mantra regularmente, ele se tornará parte de vocês. Mesmo durante o sono, vocês continuarão a repetir o mantra sem terem consciência dele.

133. Não importa o quanto meditemos e repitamos o mantra, nossos esforços não vão dar frutos se não tivermos amor por Deus. Não importa quão intensamente rememos, nosso barco vai avançar muito pouco se estiver contra a corrente. Mas, se içarmos uma vela, o barco vai ganhar velocidade. O amor por Deus é como a vela que nos ajuda a avançar rapidamente ao objetivo. Ele vai nos ajudar a alcançar a meta muito facilmente.

Canto devocional

134. Nesta kali yuga [era sombria], é muito eficaz repetir um mantra e cantar músicas de devoção. O mesmo dinheiro que antes era obtido vendendo-se mil alqueires pode ser obtido hoje com a venda de apenas um alqueire. Este é um sinal de kali yuga. Se conseguirem até mesmo cinco minutos de concentração, meus filhos, será um recurso valioso.

135. No crepúsculo, quando o dia e a noite se encontram, o ambiente fica cheia de vibrações impuras. Para um aspirante, esse é o melhor momento para meditar, porque é possível atingir uma boa concentração. Se você não estiver fazendo práticas espirituais durante o pôr-do-sol, surgirão muitos pensamentos mundanos. É por isso que se diz que os cantos de devoção devem ser cantados em voz alta ao anoitecer.

O canto vai purificar tanto quem canta quanto o ambiente.

136. Como o ambiente é cheio de sons em Kaliyuga, o canto de devoção é melhor do que a meditação para se obter concentração. Um ambiente tranqüilo é necessário para a meditação. Por esta razão, cantar bhajans é mais eficiente para conseguir concentração. Cantando alto, podemos vencer os sons que nos dispersam e atingir a concentração. A concentração precede a meditação. A progressão é: bhajan, concentração e depois meditação. Filhos, meditar é lembrar-se constantemente de Deus.

137. Cantar bhajans sem concentração é apenas desperdício de energia. Mas se forem cantados com um foco, beneficiarão quem canta, os ouvintes e também a natureza. Essas

músicas, com o tempo, ajudam a despertar a mente do ouvinte.

Votos e outras
observâncias espirituais

138. Meus filhos, assim como a costa detém as ondas do mar, a observação de votos no caminho espiritual controla as ondas da mente.

139. Em certos dias (por exemplo, nos dias de ekadasi e de lua cheia), há mais vibrações negativas na atmosfera. Durante essas ocasiões, é bom observar um voto de silêncio e comer apenas frutas. Frutas que são cobertas por casca dificilmente são afetadas pelas impurezas atmosféricas. Nesses dias especialmente, é importante fazer práticas espirituais. Devemos então tentar atingir maior concentração, sejam nossos pensamentos espirituais ou mundanos.

140. É bom para o buscador purgar o estômago no mínimo duas vezes por mês. As fezes acumuladas nos intestinos criam agitação e

negatividade na mente. Assim, purgando, não só purificamos o corpo, mas também a mente.

141. Uma vez por semana, faça um voto de silêncio e coma apenas frutas. Dedique esse dia à meditação e à repetição do mantra. Isso beneficiará seu corpo, sua mente e sua prática espiritual.

142. É útil ao aspirante que faz práticas espirituais regulares praticar o jejum ocasionalmente. Isso tornará a mente e o corpo adequados para a meditação. Entretanto, aqueles que fazem trabalho ativo e também meditam não devem jejuar completamente; devem comer a quantidade que necessitarem. As frutas são muito boas.

143. Aspirantes espirituais devem escolher cuidadosamente cada palavra que pronunciam. Devem falar com tom de voz reduzido, para que seus ouvintes possam ouvir somente se

mantiverem suas mentes e seus sentidos muito atentos.

144. Meus filhos, uma pessoa doente precisa observar certas restrições para se recuperar. Um buscador também tem que seguir certas restrições até que alcance o objetivo, por exemplo: falar o mínimo possível, fazer votos de silêncio e controlar a dieta.

145. A observância de votos não é um sinal de fraqueza. Somente tábuas de madeira vergadas são úteis para se construir um barco, e elas têm que ser aquecidas para serem vergadas. Da mesma forma, observando disciplinas espirituais, trazemos a mente sob controle. E sem domesticar a mente, não podemos controlar o corpo.

Paciência e autodisciplina

146. Meus filhos, a vida espiritual só é possível para quem tem paciência.

147. O progresso espiritual não pode ser medido simplesmente observando-se os atos externos de uma pessoa. Seu avanço espiritual pode ser conhecido até certo ponto por suas reações às situações adversas.

148. Como uma pessoa que se irrita com pequenas coisas pode conduzir o mundo? Somente alguém com paciência pode guiar os outros. O ego deve ser completamente aniquilado. Não importa quantas pessoas se sentem em uma cadeira, ela não se queixa. Da mesma forma, independentemente de quantas pessoas fiquem com raiva de nós, devemos desenvolver a resistência para suportar e perdoar. Senão, não há sentido em fazer prática espiritual.

149. Se vocês ficarem com raiva, grande parte da energia que vocês ganharam através das práticas espirituais será perdida. Quando um veículo roda suavemente, não consome muita energia; mas se ficarmos parando e andando, mais combustível será gasto. Do mesmo modo, a raiva drena a energia de vocês através de cada poro.

150. Quando um isqueiro foi usado um determinado número de vezes, ele ficará sem combustível, embora não possamos ver a queda no nível do gás. Isto pode ser sabido, mas não pode ser visto claramente. Da mesma forma, a energia que adquirimos através dos bons pensamentos pode ser perdida de várias maneiras. Por exemplo, quando ficamos com raiva, o que quer que seja que tenhamos ganhado através de nossa prática espiritual estará perdido. Quando falamos, nossa energia é gasta através da boca; mas a raiva também dissipa a energia através

dos olhos e dos ouvidos e através de cada poro do corpo.

151. É essencial para um aspirante espiritual manter um horário rígido. Crie uma rotina de recitar o mantra e meditar todos os dias em um horário certo e por uma duração determinada. Desenvolva o hábito de fazer práticas espirituais em uma hora determinada. Este hábito vai fazer com que avance.

152. As pessoas acostumadas a beber chá em um determinado horário todos os dias têm que tomar chá naquela hora, senão ficam sem sossego e correm para buscar o chá. Aqueles que têm um horário regular para sua disciplina espiritual automaticamente o seguirão nas horas fixadas.

Humildade

153. Em um ciclone, árvores frondosas são arrancadas e prédios desabam. Mas, não importa o quão forte seja o ciclone, ele não pode danificar uma humilde folha da grama. Essa é a grandeza da humildade, meus filhos.

154. Humildade não é sinal de fraqueza. Devemos ter a grandeza de nos curvar até mesmo para a grama. Se você for até um rio e estiver sem vontade de se curvar para a água (isto é, ir abaixo da superfície da água) e se lavar, o corpo vai permanecer sujo. Recusando--se a ser humilde em relação aos outros, o aspirante espiritual evita que sua ignorância seja destruída.

155. Os seres humanos têm a arrogância de afirmar que, pela simples pressão de um botão, eles podem reduzir o mundo a cinzas.

Mas, para apertar o botão, a mão precisa se mover. Não pensamos no Poder por trás desse movimento.

156. A humanidade afirma ter conquistado o mundo. Nós nem mesmo temos a capacidade de contar os grãos de areia por baixo de nossos pés. São estes seres insignificantes que dizem que conquistaram o mundo.

157. Suponhamos que alguém se irrite com vocês sem motivo. Como aspirantes espirituais, vocês devem responder com uma atitude de humildade em relação à pessoa, compreendendo que se trata de um jogo no qual Deus os coloca à prova. Somente se conseguirem fazer isso, será possível dizer que ganharam o benefício de sua meditação.

158. Mesmo enquanto alguém está derrubando uma árvore, esta fornece sombra à pessoa. Um aspirante espiritual deveria ser como

a árvore. Só aquele que ora até pelo bem-estar dos que o atormentam pode realmente ser chamada de uma pessoa espiritualizada.

Egoísmo e desejo

159. O ego nasce do desejo e do egoísmo. Ele não aparece naturalmente, é criado.

160. Suponham que nós vamos cobrar uma dívida. Esperávamos receber duzentas rúpias, mas só recebemos cinqüenta rúpias. Ficamos com tanta raiva que nos lançamos sobre o devedor e batemos nele. A questão, então, vai parar nos tribunais. Nossa raiva não é resultado de nos ter sido negada a quantia desejada? Quando recebemos a punição, por que culpar Deus? Ficamos com raiva por casa de nossa expectativa e, por causa dos desejos, sofremos. Esse é o resultado de correr atrás dos desejos.

161. O vento da graça de Deus não pode nos erguer se estivermos carregando a carga de nosso ego e dos desejos. A carga deve ser reduzida.

162. Muitas flores crescem em uma árvore que perdeu todas as folhas; em outras, há flores apenas aqui e acolá. Meus filhos, quando estivermos totalmente livres das tendências negativas, tais como o egocentrismo, o egoísmo e a inveja, atingiremos a visão de Deus.

163. Um aspirante espiritual não deve ter o menor traço de egoísmo. O egoísmo é como um verme sugando o néctar das flores. Quando se permite a permanência do verme, ele infesta os frutos da árvore e os inutiliza. Da mesma forma, quando se permite que o egoísmo cresça, ele corrói todas as nossas boas qualidades.

164. Existe uma grande diferença entre os desejos de um aspirante espiritual e os de uma pessoa mundana. Os desejos do homem mundano se sucedem como ondas e o perturbam. Seus desejos são incessantes. Mas há apenas um

desejo para um buscador espiritual e, quando ele é realizado, não há mais desejos.

165. Até o "egoísmo" de uma pessoa espiritualizada beneficia o mundo. Havia duas crianças numa aldeia. Cada uma recebeu algumas sementes de um sannyasin visitante. Certa vez, havia dois garotos numa vila. Cada um recebeu sementes de um sannyasin que passava por lá. Um dos meninos torrou as sementes e as comeu, o que matou sua fome; ele era uma pessoa não espiritualizada. O outro menino plantou as sementes, que produziram vários grãos. Então, ele distribuiu os grãos a outras pessoas. Filhos, muito embora os dois meninos tivessem a atitude egoísta de ficar com as sementes, o egoísmo do segundo menino foi benéfico para muitas pessoas.

166. Há apenas um Ser. Ele a tudo permeia. Quando nossas mentes se expandem, podemos

nos fundir com Ele. Então, nosso egoísmo e nosso ego desaparecerão para sempre. Para aqueles estabelecidos nesse estado de consciência suprema, tudo é igual.

Meus filhos, sem desperdiçar um único momento, sirvam aos outros e ajudem os pobres. Sirvam ao mundo de maneira abnegada, sem esperar nada em troca.

167. Uma pequena dose de egoísmo pode acabar com um egoísmo imenso. Uma pequena placa na parede que diz "não cole cartazes" poderá manter o resto da parede limpa. Ser egoísta por Deus é como essa pequena placa.

Alimentação

168. Sem renunciar ao paladar da língua, não poderemos desfrutar o sabor do coração.

169. Não se pode afirmar "isso deve ser comido, aquilo não" de forma definitiva. A influência da dieta varia conforme as condições climáticas. Os alimentos que evitamos aqui (no Sul da Índia) podem ser benéficos nas montanhas do Himalaia.

170. Quando vocês se sentam para uma refeição devem orar a Deus antes de começar a comer. É por isso que o mantra é cantado antes de comer. O momento certo para testar nossa paciência é quando a comida está à nossa frente.

171. Um asceta não precisa vagar em busca de comida. A aranha tece sua teia e fica parada

lá. Ela não vai a lugar algum procurar comida, porque sua presa ficará enroscada na teia. Da mesma forma, o alimento de um asceta virá até ele. No entanto, para que isso realmente aconteça, ele precisa ter se entregado totalmente a Deus.

172. A dieta tem uma grande influência sobre nosso caráter. Alimentos amanhecidos aumentam nosso tamas [letargia].

173. Nos estágios iniciais da prática espiritual, o aspirante deve treinar o controle em relação aos alimentos. Uma dieta descontrolada produzirá tendências ruins. Logo que as sementes são plantadas, deve-se protegê-las contra as bicadas dos corvos. Posteriormente, quando a semente brota, cresce e se torna uma árvore, qualquer pássaro pode pousar ou construir um ninho nela. De agora em diante, a dieta de vocês deve ser estritamente controlada, e vocês devem

fazer sua prática espiritual regularmente. Num estágio posterior, pode-se ingerir alimentos temperados, azedos ou não-vegetarianos sem efeitos adversos. Filhos, não comam estes alimentos mesmo quando atingirem este estágio só porque a Amma lhes diz que qualquer comida é permitida nesta fase. Vocês devem ser um exemplo para o mundo, assim os outros vão aprender observando-os. Não usem substâncias picantes ou azedas diante de uma pessoa que sofre de icterícia. Mesmo que não tenhamos a doença, devemos ter auto-controle para ajudar os outros a melhorarem.

174. As pessoas dizem que é fácil parar de beber chá ou deixar de fumar. Todavia, muitas são incapazes de parar. Como é possível as pessoas controlarem sua mente se não podem nem mesmo controlar coisas tão tolas? Primeiro é preciso superar esses obstáculos simples. Se

vocês não podem atravessar um riacho, como poderão cruzar o oceano?

175. No início, um aspirante espiritual não deve comer nada em lojas (restaurantes). Ao preparar a comida, o único pensamento do dono do estabelecimento será em como lucrar mais. Enquanto faz o chá, ele pensa: "Será que preciso usar tanto leite? Talvez o açúcar possa ser reduzido." Assim, estará sempre pensando nos modos de reduzir a qualidade a fim de aumentar os lucros. A vibração desses pensamentos afetará o buscador.

Certa vez, um sannyasin que não lia jornais habitualmente percebeu que, depois de comer na casa de uma pessoa, teve um anseio intenso por esse tipo de leitura. Ele começou a sonhar com jornais e notícias. Quando investigou, descobriu que o cozinheiro da casa que tinha visitado lia jornal enquanto cozinhava. Sua atenção não estava na comida, mas nas notícias. As ondas de pensamento do cozinheiro afetaram o sannyasin.

176. Nunca coma demais. Metade do estômago deve ser para a comida, uma quarta parte para água e o espaço restante para o movimento do ar. Quanto menos comida você ingerir, mais controle mental terá. Não durma nem medite logo depois de comer; se o fizer, não conseguirá digerir a comida adequadamente.

177. Quando desenvolvemos amor por Deus, nos tornamos como um homem febril. Quando uma pessoa está com febre, não sente o sabor da comida. Mesmo um prato doce tem um gosto amargo. O mesmo acontece quando se ama Deus; nosso apetite diminui espontaneamente.

Brahmacharya

Viver em celibato

178. Alimentos apimentados ou ácidos são prejudiciais ao brahmacharya. Sal demais também deve ser evitado. Uma quantidade limitada de açúcar é inofensiva. Não é bom consumir iogurte à noite, e o leite deve ser tomado com moderação. Para ser bebido, o leite deve ser misturado com uma parte igual de água e depois fervido. Também se deve evitar o excesso de óleo, que causa um aumento de gordura do corpo, o que gera um aumento de esperma.

179. Não se deve ingerir alimentos gostosos demais. Se o desejo por comidas saborosas aumentar, as tentações do corpo também aumentarão. É melhor não comer pela manhã

e, à noite, somente uma pequena quantidade deve ser ingerida.

180. Não há necessidade de se temer a ejaculação durante o sono. Vocês já viram estrume de vaca sendo queimado e misturado com água na fabricação da cinza sagrada? Um pavio de tecido é colocado no vasilhame com uma extremidade para fora da borda. O excesso de água sai por este cordão, mas a essência não é perdida. Só depois de a água ter sido expelida, a cinza sagrada será produzida. Entretanto, deve-se tomar cuidado especial para que a ejaculação não ocorra durante o sonho.

181. Meus filhos, sempre que sentirem que vai ocorrer a ejaculação, vocês devem se levantar imediatamente e meditar ou repetir o mantra. Quer ela ocorra ou não, no dia seguinte façam a prática espiritual e jejum o dia inteiro.

Banhar-se em um rio ou no mar é bom para o brahmacharya.

182. Durante certos meses e em certos dias, a atmosfera fica muito impura. Em tais ocasiões, por mais cuidado que se tome, pode ocorrer a ejaculação. O período de meados de julho a meados de agosto é assim.

183. Devido ao calor gerado pela concentração da mente, o poder do brahmacharya é transformado em ojas [energia vital sutil]. Se uma pessoa mundana observa o celibato, ela também deve executar prática espiritual ou o poder do brahmacharya não será convertido em ojas.

O buscador e a
prática espiritual

184. Meus filhos, nossa atitude perante tudo na Criação deve ser isenta de expectativa. Este é o propósito da prática espiritual.

185. Não há atalho para se atingir a visão de Deus. Embora o açúcar cande seja doce, ninguém o engole inteiro; se o fizesse, ele cortaria a garganta da pessoa. Ele deve ser lentamente dissolvido e, em seguida, engolido. De modo semelhante, a prática espiritual deve ser executada regularmente e com paciência.

186. Não há muita utilidade em meditar ou cantar um mantra sem sentir qualquer amor por Deus. Por outro lado, aqueles que pensam que começarão a fazer a prática espiritual tão logo desenvolvam amor por Deus são preguiçosos. Eles são como a pessoa que está esperando

que as ondas do oceano baixem antes de entrar
na água.

187. Por meio da prática espiritual, obtemos
shakti [energia], e o corpo fica livre da doenças.
Também será possível praticar qualquer ação
sem ficar exausto facilmente.

188. Sua Divindade Amada os levará ao
limiar da realização. Quando vocês vêm para
o ashram, se viajam de ônibus até a bifurcação
de Vallickavu, podem então andar a distância
que resta até o píer, não podem? Da mesma
maneira, a Divindade nos leva até a porta da
akhanda satchidananda (Existência - Consciência – Êxtase indivisíveis).

189. Filhos, antes de nos propormos a ensinar o mundo, precisamos ganhar força para
isso. Quem vai ao Himalaia, leva roupas de
lá para se proteger do frio. Da mesma forma,
nossa mente precisa ser fortalecida antes de

nos lançarmos ao mundo; assim, não seremos perturbados pela adversidade. Isso só é possível através da prática espiritual..

190. O verdadeiro satsang é a união da alma individual com o Ser supremo.

191. Se alguém tiver desejo intenso por tâmaras, talvez até se arrisque a subir em uma árvore cheia de vespas para consegui-las. Da mesma forma, quem tem lakshya bodha (forte propósito de alcançar a meta espiritual) vai vencer qualquer circunstância adversa.

192. No início, é benéfico para um aspirante espiritual sair em peregrinação. Uma viagem com algumas dificuldades o ajudará a compreender a natureza do mundo. Mas aqueles que ainda não ganharam força suficiente através de sua prática espiritual sucumbirão diante das provas e tribulações do mundo. Portanto, o

que é necessário é a prática espiritual contínua em um lugar, sem desperdiçar tempo.

193. A perfeição do asana (postura sentada) é a primeira coisa que um sadhaka deve dominar. Nem sempre isso é fácil. A cada dia, permaneça sentado por cinco minutos a mais do que no dia anterior. Assim, gradualmente, você será capaz de manter-se sentado em sessões de duas ou três horas. Quando você conquistar esse tipo de paciência, tudo virá com mais facilidade.

Quando andamos, sentamos ou nos banhamos, devemos sempre imaginar que nossa Deidade Amada está andando conosco, e sorrindo para nós. Devemos imaginar que a forma da nossa Deidade Amada está sentada no céu, e devemos orar para ela.

194. Filhos, chorar para Deus por cinco minutos equivale a uma hora de meditação. A

mente é facilmente assimilada pela lembrança de Deus quando a pessoa chora. Se não puder chorar, ore: "Ó , Deus! Por que não consigo chorar por Vós?"

195. Um aspirante espiritual não deve chorar por coisas transitórias, mas somente pela Verdade. Derrame lágrimas somente para Deus. Um aspirante espiritual não deve se tornar fraco. Ele deve sustentar a carga do mundo todo.

196. Nossos sentimentos podem ser expressos de três modos: por meio de palavras, lágrimas e risos. Meus filhos, somente quando as impurezas mentais forem lavadas por lágrimas torrenciais de anseio pela vontade Divina vocês serão capazes de sorrir realmente com um coração aberto. Somente então, a verdadeira felicidade será vivenciada.

197. A prática espiritual é essencial. Muito embora a planta esteja contida na semente, somente quando esta é cultivada, fertilizada e cuidada adequadamente, ela brotará e dará flores e sementes. Da mesma forma, embora a Verdade Suprema resida em todos os seres, ela brilhará apenas através da prática espiritual.

198. Se a muda for plantada, mas não for cuidada apropriadamente, secará. É preciso dar atenção à muda regularmente. Depois de crescer e se tornar uma planta saudável, mesmo que seu topo seja cortado, ela continuará a crescer com muitos brotos novos. Por mais difíceis que as regras possam ser nos estágios iniciais, um aspirante espiritual deve aderir a elas. Somente assim progredirá.

199. É bom para um aspirante espiritual visitar favelas, hospitais etc. pelo menos uma vez por mês. Essas visitas o ajudarão a entender

a natureza das dores da vida e vão tornar sua mente compassiva.

200. Quando o leite é colocado para coalhar, não deve ser mexido. Só assim será possível fazer manteiga. Nos estágios iniciais da prática espiritual, a solidão é necessária.

201. Quando as sementes são plantadas, deve-se tomar cuidado para que as galinhas não as comam. Posteriormente, quando as sementes germinarem, elas estarão seguras. Nos estágios iniciais da prática espiritual, um aspirante espiritual não deve se socializar muito com ninguém. Os devotos que têm uma vida familiar devem ter um cuidado especial com isso. Não desperdicem tempo conversando com vizinhos. Sempre que vocês tiverem tempo, sentem-se sozinhos e repitam seu mantra, meditem ou cantem canções devocionais.

202. Nas profundezas do oceano não há ondas; as ondas aparecem apenas na superfície. No fundo do oceano, tudo é calmo. Aqueles que atingiram a perfeição são pacíficos. São as pessoas com conhecimento superficial, que leram dois ou três livros, que criam alvoroço e gritam.

203. Não se pode destruir as ondas do mar; não se pode eliminar os pensamentos da mente. Quando a mente ganha profundidade e amplidão, as ondas de pensamento se acalmam naturalmente.

204. Filhos, tanto o real como o irreal estão contidos na semente. Quando uma semente é plantada, a casca se rompe e se dissolve solo. A essência da semente brota e cresce. De modo semelhante, tanto o real quanto o irreal estão dentro de nós. Se nos ativermos ao que é real, nada vai nos incomodar e nós nos tornaremos

expansivos. Se nos apegarmos ao irreal, não poderemos crescer.

205. Quando a pessoa conhece a Verdade, o mundo inteiro é sua riqueza. Ela não percebe nada como diferente de seu próprio Ser.

206. É através dos atos que o valor de uma pessoa pode ser determinado. Mesmo que alguém seja bem-educado e tenha um bom emprego, ninguém vai respeitá-lo se roubar. O progresso de um aspirante pode ser avaliado por seus atos.

207. Vocês nunca viram soldados e policiais imóveis como estátuas, mesmo na chuva ou sob o sol forte? Da mesma forma, se o aspirante espiritual estiver em pé, sentado ou deitado, deve permanecer perfeitamente quieto. Não deve haver movimentos desnecessários das mãos, das pernas ou do corpo. Para conseguir isso, é útil imaginar que o corpo está morto.

Eventualmente, com a prática, a imobilidade vai se tornar um hábito.

208. Um homem que leva um barco para o mar aberto, rema fortemente, totalmente concentrado no que está fazendo. As pessoas na praia o encorajam agitando os braços e gritando. Mas o remador não presta atenção a elas. Seu único pensamento é libertar o barco das ondas. Ele nada mais tem a temer depois que ultrapassa a arrebentação. Se quiser, poderá até largar os remos por alguns minutos.

Você também está cruzando as ondas. Prossiga vigilantemente, sem se permitir ser distraído por nada e mantendo o objetivo na sua frente. Somente assim alcançará o seu destino.

209. Um aspirante espiritual deve ter muito cuidado ao se relacionar com o sexo oposto. Como um tufão, somente depois que ele o

apanha e derruba é que você só se dá conta do perigo.

210. Filhos, a água não tem cor, mas um lago ou um açude reflete a cor do céu. Da mesma forma, só enxergamos más qualidades nos outros devido às nossas próprias falhas de caráter. Sempre tente ver o que é bom nos outros.

211. Um aspirante espiritual não deve ir a casamentos ou funerais. Em um casamento, todos, tanto os jovens quanto os idosos, estarão pensando em matrimônio. E em um funeral, todos estarão lamentando a perda de um ente mortal. As ondas de pensamento presentes em ambas as ocasiões são prejudiciais a um aspirante espiritual. As vibrações entrarão na mente subconsciente e o deixarão inquieto por coisas que são irreais.

212. Uma pessoa espiritualizada deve ser como o vento. O vento sopra sem preconcei-

tos tanto sobre flores perfumadas como sobre excrementos fedorentos. O aspirante espiritual, como o vento, não deve se apegar a pessoas que lhe dediquem afeto nem ter maldade contra quem o prejudica. Para ele, todos são iguais, e ele vê Deus em tudo.

213. Não é bom dormir durante o dia porque, quando você desperta, sente-se exausto. Isto acontece porque, durante o dia, a atmosfera fica cheia de ondas de pensamentos impuros, enquanto que, à noite, ela é muito menos poluída. Quando nos levantamos de manhã, depois de uma noite de sono, sentimo-nos energizados. É por isso que os aspirante espirituais devem meditar mais à noite. Basta meditar cinco horas durante a noite em vez de dez horas durante o dia.

214. Meus filhos, quaisquer aflições que vocês tenham, olhem para a natureza e imaginem a

forma da Divindade Amada nas árvores, nas montanhas e em outros objetos e compartilhem seus sentimentos com essas partes da natureza. Vocês também podem imaginar que a Divindade Amada está no céu e falar com Ela. Por que você deveria compartilhar suas mágoas com outros?

215. Se estivermos ao lado de uma pessoa falando, o que essa pessoa diz cria uma determinada aura ao nosso redor. Por causa da má companhia, uma aura negativa será formada, causando um aumento de pensamentos impuros. Por isso que se diz que o satsang [companhia sagrada e palestras espirituais] é necessário.

216. Quando um escultor olha um pedaço de madeira ou uma pedra, ele enxerga somente a imagem que pode ser talhada nela; ao passo que os outros vêem apenas madeira ou pedra. Da

mesma forma, um buscador deve ser capaz de discernir o eterno em tudo. Devemos compreender o que é eterno e o que é efêmero e viver com atenção vigilante. Devemos nos agarrar somente ao que é eterno. Meus filhos, somente Deus é a Verdade eterna. Todo o resto é falso e não existente. Os assuntos mundanos são efêmeros, o eterno é Deus.

217. Meus filhos, a nudez de uma criança não provoca tentação. Devemos ser capazes de olhar qualquer pessoa com este mesmo espírito. Tudo depende da mente.

218. Um aspirante espiritual deve ser muito cuidadoso no início. Os momentos mais favoráveis para meditação são durante a manhã, até 11h, e após as 17h. Ao terminar a meditação, deve-se deitar em shavasana (postura do cadáver) por dez minutos pelo menos. Mesmo que se medite por uma hora apenas, deve-se manter

silêncio em seguida por pelo menos meia hora. Só quem faz isso recebe todos os benefícios da meditação.

219. Quando um remédio é injetado, é preciso certo tempo para que se espalhe pelo corpo. Da mesma forma, devemos passar algum tempo em silêncio depois de realizar práticas espirituais. Se depois de meditar duas horas a pessoa começa a falar de coisas terrenas ou faz sons altos, não obterá nada com a meditação, mesmo que tenha passado anos meditando.

220. Se alguém estiver desperdiçando o tempo de vocês conversando sobre coisas desnecessárias, vocês devem repetir o mantra e contemplar a Divindade Amada, ou pensar na pessoa que está falando como a sua Divindade Amada. Vocês também podem desenhar um triângulo no chão e imaginar a sua Divindade

em pé sobre ele. Em seguida, peguem algumas pedras pequenas e, imaginando que sejam flores, ofereçam-nas aos pés de sua Divindade. Devemos conversar com os outros apenas sobre assuntos espirituais. Aqueles que se sentem atraídos para a espiritualidade ouvirão, o resto logo nos deixará. Desta forma, não desperdiçamos nosso tempo.

221. Meus filhos, até a respiração de um aspirante espiritual é suficiente para purificar a atmosfera – tal é seu poder. Pode levar algum tempo, mas esse fato definitivamente será descoberto pela ciência. Somente então, as pessoas realmente acreditarão nele.

222. Os seres humanos não são os únicos com a capacidade da fala. Os animais, os pássaros e as plantas também têm esse poder. Nós apenas não temos a capacidade de compreendê-los.

Aqueles que tiveram a visão do Ser sabem de todas essas coisas.

223. A água fica estagnada em valas e lagoas. Germes e insetos gostam de se reproduzir nelas, fazendo com que muitas pessoas sejam afligidas por doenças. O remédio para isso é fazer a água fluir, conectando-a a um rio. Da mesma forma, atualmente as pessoas vivem com o ego do "eu" e do que é "meu". Seus pensamentos impuros causam sofrimento a muitas pessoas. Nossa meta é ampliar suas mentes diminutas e guiá-las para o Ser Superior. Para tanto, cada um de nós deve se preparar para suportar sacrifícios. No entanto, somente com o poder adquirido pela prática espiritual que poderemos as pessoas

224. Equanimidade é ioga [união com Deus]. Uma vez atingida a equanimidade, um fluxo

contínuo de graça será sentido. Então, a prática espiritual não será mais necessária.

O aspirante espiritual
e sua família

225. Meus filhos, é nosso dever cuidar dos nossos pais se não houver outra pessoa para cuidar deles. Este é nosso dever, mesmo que tenhamos escolhido o caminho espiritual. Devemos considerar nossos pais como nosso próprio Eu e servi-los como tal.

226. Se os pais colocam obstáculos à vida espiritual, não é preciso obedecê-los.

227. É certo gostar de vida espiritual mesmo que isso signifique desobedecer os pais? Suponha que você tenha de ir a um lugar distante para estudar medicina, mas seus pais não aprovam. Se desobedecer e partir para estudar e se tornar um médico, você poderá salvar a vida de milhares de pessoas, inclusive seus pais. Seu egoísmo torna-se um benefício para o mundo;

ele não faz mal a ninguém. Se tivesse obedecido a seus pais e ficasse sem estudar, poderia zelar apenas por eles, mas não poderia salvar suas vidas.

Somente um aspirante espiritual tem a possibilidade de amar e servir o mundo e verdadeiramente salvar outros. Shankaracharya e Ramana Maharshi[1] não resgataram suas mães?

228. Quando alguém escolhe o caminho espiritual, deve abandonar o apego à família; caso contrário, ele não será capaz de progredir. Se

---

[1] Esses dois grandes santos deixaram suas casas bem jovens, mas eventualmente voltaram aos seus pais. Depois de muitos anos de separação, Shankaracharya visitou sua mãe em seu leito de morte e abençoou-a com uma visão de Deus. E quando Ramana Maharshi completou suas práticas espirituais e tinham um lugar para ficar, ele convidou sua mãe a ver morar com ele. Ela viveu com seu filho em Thiruvannamalai até sua morte, e com sua graça fundiu-se com Deus no momento de sua morte.

um barco está ancorado, não importa o quanto se reme; o barco não vai se mover. Tendo dedicado a vida a Deus, devemos ter uma forte crença de que Ele vai cuidar de nossas famílias.

229. Filhos, quem são os seus pais e mães verdadeiros? São os seus deram à luz a esse corpo? Não. Estes são simplesmente seu padrasto e madrasta. O verdadeiro pai ou mãe é aquele capaz de trazer um moribundo de volta à vida; só Deus tem este poder. Devemos sempre lembrar-nos disso.

230. Uma pequena planta que cresce sob a sombra de uma grande árvore se desenvolve confortavelmente durante algum tempo. Mas, quando a árvore perde suas folhas, tudo muda para a pequena planta, e ela logo murcha sob o sol quente. A situação dos que vivem à "sombra" de suas famílias pode ser comparada à desta planta.

Para chefes de família

231. Hoje em dia, o amor e a devoção que temos por Deus são como o amor que temos pelos vizinhos. Quando estes não vivem de acordo com nossos desejos, brigamos com eles. Temos a mesma atitude com relação a Deus. Se Deus não atende aos nossos pequenos pedidos, paramos de rezar e de repetir nosso mantra.

232. Pense em como nos dispomos a trabalhar duro para ganhar uma causa na justiça! E agüentamos uma longa fila só para conseguir um ingresso para o cinema. Nosso desejo de ver o filme é tão intenso que nem nos preocupamos se as pessoas nos empurram. Nós toleramos essas dificuldades de bom grado para ter alguma alegria exterior. Se fizéssemos esses mesmos sacrifícios pela vida espiritual, seria o suficiente para alcançarmos a Bem-aventurança eterna.

233. Suponhamos que uma criança pequena corte a mão. Se tentarmos consolá-la dizendo: "Você não é o corpo, nem a mente, nem o intelecto", ela não entenderá nada; apenas chorará. Da mesma forma, não adianta dizer a uma pessoa mundana: "Você não é o corpo - você é Brahman. O mundo é irreal." Talvez isso leve a uma pequena mudança na pessoa, mas seria melhor se recebesse um conselho prático, que pudesse ser aplicado à vida diária.

234. Meus filhos, muitas pessoas que têm um súbito interesse na espiritualidade ao ouvir uma palestra não serão capazes de seguir uma vida espiritual estável. Não importa quanto tempo se comprime uma mola, ela volta imediatamente à sua forma inicial sempre que a soltamos.

235. Atualmente, parece que ninguém tem tempo para ir a templos ou ashrams ou para

fazer práticas espirituais. Mas, se nosso próprio filho adoece, estamos preparados para esperar qualquer tempo na área de espera de um hospital, sem nem dormir. Para ganhar apenas um metro quadrado de terra, esperaremos diante do tribunal por vários dias, na chuva ou no sol, sem nem mesmo pensar no marido, na esposa ou nos filhos. Podemos passar horas aguardando em uma loja apinhada para comprar uma agulha de cinquenta centavos, mas não temos tempo para orar a Deus. Meus filhos, para aqueles que amam a Deus, o tempo para a prática espiritual estará disponível automaticamente.

236. Quem disse que não há tempo para repetir o mantra? Vocês podem cantar o mantra enquanto andam, repetindo o mantra a cada passo que vocês dêem. Vocês também podem fazer a prática espiritual enquanto viajam de ônibus, imaginando a forma da Divindade

Amada no céu. Ou então repetir seu mantra no ônibus, de olhos fechados. Se o mantra for cantado desta maneira, nenhum tempo será desperdiçado, porque a mente não se envolverá com as atrações do percurso. Vocês também podem repetir o mantra enquanto fazem as tarefas domésticas. Quem tem interesse sempre encontrará tempo para as práticas espirituais.

237. Se a pessoa não consegue dormir, há pílulas para isso. Para esquecer o sofrimento, há drogas prontamente disponíveis, como bebidas alcoólicas e maconha. Há também o cinema. Por causa dessas coisas, quase ninguém busca Deus atualmente. As pessoas, contudo, não estão conscientes de que esses tóxicos as estão destruindo. Quando se consome algum tóxico, o teor de água no cérebro diminui. É por isso que nos sentimos inebriados. Com o uso contínuo destas substâncias, os nervos do corpo começam a se contrair por causa da

desidratação. Depois de algum tempo, a pessoa não consegue nem andar de tão afetada pelo tremor e pelo cansaço. Com a perda de vitalidade e do brilho, a pessoa gradualmente se degenera, e seus filhos também serão afetados pela mesma condição.

238. Filhos, é a mente que precisa de ar condicionado, não a sala. As pessoas deixam seus quartos refrigerados e, mesmo assim, cometem suicídio lá. Se esses objetos de luxo trouxessem felicidade, elas fariam isso? A verdadeira felicidade não pode ser encontrada fora –somente dentro.

239. Quando um cachorro rói um osso, sente gosto de sangue e pensa que está vindo do osso. Na realidade, o sangue vem das gengivas feridas do próprio cachorro. É assim a experiência de procurar a felicidade nos objetos externos.

240. Nós não faríamos uma cerca cortando galhos de uma árvore frutífera altamente produtiva. Apenas árvores menos úteis são usadas para esta finalidade. Se o valor da vida fosse compreendido, ela não seria desperdiçada em prazeres sensuais.

241. Não há um momento certo para um chefe de família começar a levar uma vida espiritual. Nós devemos começar quando sentimos o impulso da renúncia. Não temos que forçar esta urgência sobre nós mesmos; ela virá por iniciativa própria. Um ovo que está sendo incubado não deve ser picado; deve-lhe ser permitido que se abra sozinho. Se, por exemplo, seu cônjuge e filhos podem viver confortavelmente sem você, e você tem o espírito de renúncia, então pode desistir de tudo e partir para uma vida de renúncia. Mas, posteriormente, você não deve manter nenhum pensamento sobre seu lar.

242. Antigamente, as pessoas ensinavam a seus filhos a verdade sobre o que é permanente e o que é transitório. Elas lhes ensinavam que o objetivo da vida é a realização de Deus. As crianças recebiam uma educação que lhes possibilitava compreender quem elas eram. Atualmente, os pais incentivam os filhos somente a ganhar dinheiro. Qual é o resultado? O filho não conhece os pais e os pais não conhecem o filho. Há inimizade e luta entre eles. Eles podem até mesmo matar-se uns aos outros por motivos egoísticos.

243. Filhos, a realização de Deus não é possível sem prática espiritual, mas quase ninguém está disposto a se empenhar nisto. Nas fábricas, os operários do turno da noite trabalham sem dormir. Eles não se descuidam só porque estão cansados. Se não estiverem muito alertas, poderão perder uma mão ou uma perna, além de seus empregos. Esta atenção e objetividade

também são essenciais para as questões espi-rituais.

244. Crianças pequenas às vezes ficam preocupadas quando o Sol desaparece no crepúsculo. Pela manhã, quando o astro-rei se ergue no céu, elas ficam felizes com o seu retorno. Elas não sabem a verdade por trás do nascer e do pôr-do-sol. Meus filhos, é pela mesma razão que nós nos alegramos e nos angustiamos com cada ganho e perda.

245. Às vezes, vemos um homem em uma minúscula canoa conduzindo os patos pelos canais. É tão pequena a canoa que ele mal pode ficar em pé confortavelmente. Se colocar o pé no lugar errado, ela pode afundar. Até se ele respirar sem cuidado, ela pode virar. Ele guia os patos que se desgarram batendo com os remos na água, de pé sobre o barco. Ele tira toda a água do barco com os pés. E também con-

versa com as pessoas que ficam nas margens.
Às vezes, ele fuma. Apesar de fazer todas estas
coisas em uma minúscula canoa, sua mente
está sempre focada no remo. Se sua atenção se
desviar por um só momento, o barco poderia
virar e ele cairia na água. Filhos, devemos viver
no mundo com a mesma atenção. Não importa
o que estejamos fazendo, nossa mente deve
estar centrada em Deus.

246. Um dançarino folclórico realiza vários
truques com um pote sobre a cabeça. Ele
dança e rola pelo chão, mas o pote nunca cai.
Sua mente está sempre focada no pote. Deste
modo, com a prática, você pode aprender a
manter a mente em Deus enquanto faz qualquer tarefa.

247. Ore a Deus chorando em solidão. Se há
uma ferida em seu corpo, sua mente sempre
estará nessa ferida. Da mesma maneira, esta-

mos sofrendo da doença da transmigração [nascimento, morte e renascimento]. Devemos desejar sinceramente a cura dessa doença. Somente então, nossas preces serão sinceras – nossos corações fundir-se-ão com amor por Deus.

248. Brahma, Vishnu e Shiva 2 criam, nutrem e destroem desejos. Os homens criam e nutrem seus desejos, mas não os destroem. Meus filhos, o que é necessário hoje é a destruição dos desejos.

249. Aqueles que trabalham em um escritório ou em um banco manuseiam milhões de rúpias, mas sabem que o dinheiro não lhes pertence. Portanto, não pensam nada dele. Eles também sabem que seus clientes não são seus

---

2 Brahma, Vishnu e Shiva são os três aspectos de Deus associados à criação, preservação e dissolução do universo.

familiares e que não há sinceridade na afetuosa atenção que lhes mostram, movida por interesses. Conseqüentemente, não faz diferença para eles se seus clientes falam com eles ou não. Nós também devemos viver assim. Se vivermos com a compreensão de que nada nem ninguém é nosso, nossos problemas estarão acabados.

250. Meus filhos, com a consciência do objetivo vem a concentração. Somente através da concentração que progrediremos.

251. O caroço da manga é amargo; mas se for cozido adequadamente, muitos pratos diferentes podem ser feitos a partir dele. Isto requer esforço. O Srimad Bhagavatam é para buscadores. Se lido com a atenção adequada, todos os princípios da espiritualidade podem ser encontrados nele. Mas para aqueles que não têm uma mente inquiridora, é apenas uma história. Geralmente, não é bom ler o Bhaga-

vatam em voz alta para ganhar dinheiro. Mas, se um chefe de família não consegue pagar suas contas, então não é errado ler em público o livro como forma de ganhar dinheiro.

252.   Para viver confortavelmente em um local cheio de lixo, primeiro você deve remover o lixo e queimá-lo. Você seria capaz de repetir o mantra e meditar no meio do lixo? O mau cheiro do lixo o deixaria inquieto. Realiza-se homas (cerimônia de adoração usando fogos sacrificiais) e yagnas (oferendas) para purificar a atmosfera. Ao executar estas cerimônias, obtemos ar fresco; Deus não exige homas e yagnas.

253. Em nome da política, as pessoas não hesitam em cometer assassinatos ou desperdiçar enormes quantias de dinheiro. Gastaram-se milhões de rúpias para se obter um punhado de rochas da Lua. Raramente, porém, as pessoas têm interesse em fazer homas e yagnas,

que custam muito menos e são altamente benéficas para a sociedade. Deixar de realizar estes sacrifícios sagrados é compreensível, mas censurá-los sem compreender seus benefícios é ridículo, é cegueira.

254. Meus filhos, vocês podem viver uma vida espiritual e uma vida mundana ao mesmo tempo. Mas não importa o tipo de vida que vocês vivam, deve ser possível a vocês a execução de suas ações sem quaisquer apegos ou expectativas.

O sofrimento resulta de pensarmos: "Estou fazendo isso, conseqüentemente, preciso receber a recompensa." Igualmente, nunca devemos pensar que nossa esposa, nosso marido ou nosso filho são nossos. Se tivermos a atitude de que tudo pertence a Deus, não haverá apego. Quando morrermos, nosso marido, nossa esposa e nossos filhos não virão conosco. Somente Deus é eterno.

255. Não importa quanta riqueza tenhamos, só experimentaremos tristeza se não entendermos corretamente o seu valor e seu uso. Mesmo se tivermos uma fortuna ilimitada, o prazer que obteremos dela será apenas transitório. A riqueza não pode proporcionar felicidade eterna. Reis como Kamsa e Hiranyakashipu possuíam muitas riquezas, mas, apesar de terem tudo, que paz de espírito tiveram? Eles se desviaram do caminho da Verdade e viveram de forma arrogante. Fizeram tantas coisas proibidas, e qual foi o resultado? Eles perderam toda paz e quietude da mente.

256. A Amma não está dizendo que as pessoas devem descartar suas riquezas. Se compreendermos como usar nossa riqueza corretamente, a paz e a felicidade se tornarão nossas riquezas. Meus filhos, para aqueles que são totalmente devotados a Deus, a riqueza material é como arroz cozido no qual caiu areia.

Liberação do sofrimento

257. O resultado de qualquer ação pode ser combatido por outra ação. Não se pode pegar uma pedra que foi arremessada para o alto antes ela que caia no chão? Da mesma forma, o resultado de qualquer ação pode ser mudado durante o seu processo. Não é preciso se afligir com o destino. Seu destino pode ser alterado por uma resolução de Deus. O horóscopo de uma pessoa pode indicar uma grande probabilidade de se casar, mas se ela fizer práticas espirituais desde jovem, essa perspectiva pode mudar. Temos exemplos disso até mesmo nos épicos.

258. Uma pessoa que esteja viajando rio abaixo não se importa em pensar sobre a origem do rio. No passado, podemos ter cometido muitos erros. Não adianta pensar neles ou se

preocupar com essas coisas. Esforce-se para moldar o futuro. Isso é que é necessário.

259. Meus filhos, nunca pensem: "Eu sou um pecador. Não sou capaz de nada." Não importa o quão deteriorada possa estar a raiz de uma batata, se houver até mesmo uma pequena porção dessa raiz que não esteja deteriorada, crescerá um broto nela. Da mesma forma, mesmo se houver apenas um traço de samskara [disposição] espiritual em nós, podemos progredir nos apoiando nele.

260. O tempo todo pensamos que o corpo é de suprema importância e duradouro. Isso nos causa muito sofrimento. Vamos agora pensar o contrário. O Ser é eterno e é o Ser que deve ser realizado. Se esta idéia se enraizar em nossa consciência, nosso sofrimento será eliminado e experimentaremos apenas êxtase.

261. Quando alguém carrega um fardo pesado, o simples pensamento de que está perto de um ponto de descanso alivia sua carga, já que ele logo poderá livrar-se dela. Se, ao contrário, ele achar que o ponto de descanso está longe, sua carga parece mais pesada. De modo igual, quando pensamos que Deus está conosco, todos os nossos fardos ficam mais leves.

Por que continuar a carregar a bagagem quando você sobe em um barco ou ônibus? Coloque-a no chão! Deste mesmo modo, dedique tudo a Deus; Ele os protegerá.

262. Aonde quer que as pessoas vão, encontram defeitos nos lugares. Suas mentes ficam agitadas por causa disso. Portanto, esse hábito deve ser mudado. Devemos esquecer os defeitos do lugar em que estamos e tentar descobrir o que há de útil ali e respeitá-lo. Isto é o que é necessário. Sempre veja o lado bom em todo

lugar e em tudo; então, todo o seu sofrimento chegará a um final.

263. Suponhamos que caímos em um buraco. Devemos espetar nossos próprios olhos porque eles não nos guiaram direito? Assim como suportamos as falhas de nossos olhos, devemos ter compaixão com os outros, sempre tolerando seus defeitos.

Vasanas

Tendências inatas

264. Se encontramos uma só uma formiga no açúcar, nós a removemos, senão aparecem mais formigas. De maneira semelhante, mesmo um pequeno resquício de egoísmo pavimenta o caminho para que outras vasanas surjam.

265. Esgotar as vasanas e destruir a mente (ego) são a mesma coisa. Isto em si é a libertação.

266. A primeira vasana em uma alma individual deriva de Deus, e o carma começa a partir dela. É devido ao carma que ocorre um novo nascimento. A roda de nascimento, morte e renascimento continua girando assim. Somente através do esgotamento das vasanas é que a pessoa pode escapar disso. Atividades

espirituais como satsang, cantos devocionais e meditação ajudam a exaurir as vasanas.

267. As vasanas de uma pessoa permanecem até que ela atinja a liberação. Somente no estado de liberação as vasanas serão completamente eliminadas. Até que esse estado seja alcançado, o aspirante espiritual deve prosseguir com o máximo de discernimento, porque sua queda é possível a qualquer momento. Aqueles que dirigem em estradas movimentadas têm que ser muito cuidadosos. Se seus olhos se desviarem por um momento, pode ocorrer um acidente. Enquanto dirigimos em campo aberto, não há nada a temer, porque somente o motorista e o carro estão lá. No início da vida espiritual, tudo é perigoso; deve-se ter o máximo de cuidado e vigilância. No estado de liberação, há apenas o puro Ser - não há dualidade, e assim não há perigo.

268. As vasanas de uma alma liberada não são vasanas no sentido real da palavra. A raiva delas, por exemplo, é apenas uma manifestação externa. No íntimo, ela é absolutamente pura. A cal viva pode parecer ter o formato de uma concha, mas se você a tocar, ela cairá em pedaços.

269. Meus filhos, somente um mestre espiritual pode remover completamente as vasanas de vocês. Ou então, a pessoa precisa ter nascido com uma poderosa disposição espiritual. O chacal pensará: "Nunca mais vou uivar quando vir um cachorro!", mas, no momento em que vir um cachorro, será a mesma velha história. O mesmo acontece com as vasanas.

270. Não é fácil eliminar o fluxo de pensamentos; esse é um estado avançado. Vocês podem destruir os pensamentos impuros aumentando os pensamentos puros.

271. As vasanas negativas não vão para lugar nenhum. No entanto, é possível eliminá-las com pensamentos bons, da mesma forma quando temos água salgada em um recipiente e continuamos a adicionar água pura nele – a água salgada gradualmente perderá sua salinidade.

Siddhis

Poderes psíquicos

272. Meus filhos, a exibição de siddhis além de certo limite vai contra a natureza. Quando os siddhis são exibidos, as pessoas se sentem atraídas por eles. As almas realizadas, sempre que possível, evitarão mostrar seus poderes psíquicos. E mesmo se o fizerem, não perderão nada com isso. Se o poder envolvido na realização de um fenômeno psíquico for usado para transformar uma pessoa em um sannyasin, isso beneficiará o mundo. Se um buscador ficar fascinado por siddhis, ele será desviado da meta.

273. Almas realizadas normalmente não exibem seus poderes. Mesmo que o façam, é muito raro. Devido a certas circunstâncias particulares, seus poderes podem surgir espontaneamente, mas não se destinam a entreter

os espectadores. Não se esforcem para obter siddhis. Eles não são permanentes. Uma encarnação divina vem para remover desejos, não para criá-los.

Samadhi

274. Meus filhos, sahaja samahi (permanência natural no Ser) é perfeição. Quem está estabelecido nesse estado enxerga o princípio divino em tudo, percebe em todo lugar apenas a consciência pura, livre da mácula de maia (ilusão). Da mesma maneira que o escultor enxerga em uma pedra apenas a imagem que pode ser nela talhada, um mahatma vê apenas o Divino onipresente em todas as coisas.

275. Imagine que há uma bola de borracha e um anel dentro de cada um de nós. A bola, que é a mente, está sempre saltando para cima e para baixo, e o anel é a nossa meta. Às vezes, a bola se encaixa sobre o aro e ali fica, imóvel. Isso pode ser chamado de samadhi. Mas a bola não fica sempre nesta posição, ela volta a pular para cima e para baixo como antes. Eventualmente, alcança-se um estado em que

a bola permanece imóvel sobre o anel, sem qualquer movimento. Esse estado se chama sahaja samadhi.

276. Meditando-se em uma forma, pode--se atingir savikalpa samadhi [percepção da Realidade última enquanto se retém um sentido de dualidade]. Quando se vê a forma da Divindade Amada, a atitude do 'eu' permanece e, portanto, a dualidade. Ao se meditar sem forma, a atitude de dualidade é completamente destruída, uma vez que não há traço da sensação do 'eu'. Este é o caminho para se atingir o nirvikalpa samadhi.

277. No estado de nirvikalpa samadhi, não há entidade para dizer "Sou Brahman". A pessoa se funde em Brahman. Se um homem comum atinge nirvikalpa samadhi, ele não pode voltar. Como a alma não fez uma resolução (para voltar), quando se absorve em samadhi, ela

deixa o corpo na mesma hora. Quando se abre uma garrafa de refrigerante, o gás se une ao ar ambiente com um ruído. Do mesmo modo, a alma se funde a Brahman para sempre. Só encarnações divinas podem manter seus corpos após alcançar o nirvikalpa samadhi. Elas tornam a descer para o mundo pois conhecem o propósito de sua encarnação e mantêm sua resolução.

278. Meus filhos, para uma encarnação divina não há distinção entre os estados de nirvikalpa samadhi e os estados acima e abaixo dele. As encarnações divinas têm apenas algumas limitações, as quais elas próprias assumiram para cumprir o propósito para o qual nasceram.

279. Mesmo depois de vivenciarem o nirvikalpa samadhi, as pessoas não são iguais. Há uma diferença entre um aspirante espiritual que experienciou o estado de samadhi e uma

encarnação divina. A diferença pode ser comparada à de uma pessoa que acabou de visitar Bombaim e alguém que mora lá permanentemente. Se lhes perguntarem se eles já estiveram em Bombaim, ambos responderão que sim, mas aquele que mora lá terá um conhecimento completo do local.

280. Como é o samadhi? Há apenas êxtase. Não há felicidade nem tristeza. Não há "eu" nem "você". Esse estado pode ser comparado ao sono profundo, mas com uma diferença: em samadhi há uma consciência completa, enquanto no sono não há consciência. Não há "eu" ou "você" ou "nós" durante o sono; apenas quando despertamos que "eu"', "você" e o mundo emergem, e em nossa ignorância, atribuímos a eles realidade.

281. Não é possível descrever a experiência do estado de Brahman. É uma experiência

puramente subjetiva. Até mesmo experiências terrenas são difíceis de colocar em palavras. Suponha que você tenha uma dor de cabeça, conseguiria explicar exatamente quanta dor sente? Se isso não é possível, como pode ser possível expressar em palavras a experiência de Brahman? Não pode ser feito.

Criação

282. Meus filhos, devido à resolução primordial, surgiu uma vibração em Brahman. A partir desta vibração vieram as três gunas: sattva [bondade, pureza, serenidade], rajas [atividade, paixão] e tamas [escuridão, inércia, ignorância]. As três gunas são representadas pela trindade de Brahma, Vishnu e Shiva. Elas estão todas em nosso interior. Tudo o que é visto como existindo no universo existe dentro de nós mesmos.

283. No plano relativo, o Ser é tanto a alma individual quanto o Ser supremo. A alma individual é a que se deleita com o fruto de seu carma (ações). O Ser supremo é a consciência que testemunha. Ela é inerte, não faz nada.

284. Somente quando existe maia [ilusão] há um Deus. Quando transcendemos maia pela

prática espiritual constante, atingimos o estado de Brahman. Nesse estado, não há nem um traço de maia.

285. Meus filhos, mithya não significa inexistente; significa em constante mutação. Por exemplo, primeiro temos feijões, em seguida há o prato feito de feijões com temperos, fritos em óleo [bolinhos vada]. A forma mudou, mas a substância não desaparece.

286. Mesmo se a praia estiver suja, ainda usufruímos a beleza do mar, não é? A mente não habita no lixo. Da mesma forma, quando a mente está fixada em Deus, ela não é seduzida por maia.

287. Podemos achar que uma agulha é insignificante porque custa pouco. Porém, o valor de uma coisa não é dado pelo seu preço, mas sim por sua utilidade. Para a Amma, uma agulha não é insignificante. Qualquer que

seja o objeto, seu uso e não seu preço deve ser considerado. Se enxergarmos as coisas desta forma, nada será insignificante.

288. Algumas pessoas argumentam que a criação não aconteceu. Durante o sono, não temos consciência de nada. Enquanto dormimos, não existe hoje, nem amanhã, nem eu, nem você, nem esposa, nem filho, nem corpo. Esse é um exemplo para demonstrar que Brahman ainda existe como nada além de Brahman. A noção de "eu" e "meu" é a fonte de todos os problemas. Alguém pode perguntar: "Não há uma entidade que aprecia o sono e, depois de acordar, diz que dormiu bem?" Só dizemos que dormimos bem devido ao bem-estar e à satisfação que o sono proporciona ao corpo.

Racionalismo

289. Filhos, é racional dizer que locais de culto são inúteis por causa das discussões criadas pelo dogmatismo religioso? As pessoas diriam que os médicos e hospitais deveriam ser eliminados por causa dos erros de alguns médicos? Claro que não. São os conflitos religiosos que precisam ser eliminados, não os templos de Deus.

290. Antigamente, os racionalistas ainda amavam as pessoas, mas e os racionalistas de hoje? Eles perturbam os outros enquanto fazem pose de racionalistas e inflam seus egos. O verdadeiro racionalista é aquele que se dedica aos princípios da verdade; alguém que ama profundamente ao próximo, mesmo que isto lhe custe sua própria vida. Deus se ajoelha diante dessa pessoa. Mas quantas pessoas assim existem hoje?

291. Quando um crente em Deus desenvolve devoção e reverência, também se desenvolvem nele outras qualidades, como amor, verdade, compaixão, retidão e justiça. Quem se aproxima dele recebe consolo e paz. Esse é o benefício que o mundo recebe de um verdadeiro crente em Deus. O racionalista de hoje, entretanto, não estuda as escrituras adequadamente, mas se concentra em duas ou três palavras de algum livro e cria celeumas. É por isso que a Mãe diz que o racionalismo de hoje somente abre o caminho para a ruína.

Natureza

292. As ações da humanidade condicionam a graça da natureza.

293. Meus filhos, a natureza é um livro a ser estudado. Cada objeto na natureza é uma página deste livro.

294. Aspirantes espirituais utilizam a energia da natureza para sua meditação, alimentação e muitas outras finalidades. No mínimo, dez por cento dos recursos e da energia que tiramos da natureza devem ser usados para ajudar outras pessoas. De outra forma, a vida é inútil.

Filhos, lembrem-se também

295. Não devemos nos irritar com uma pessoa que não aja com retidão. Se surgir raiva, deve ser contra os atos, não contra a pessoa.

296. Meus filhos, comam para viver; durmam para despertar.

297. Meus filhos, o objetivo da vida é a Auto--realização. Esforcem-se para isso. Se há uma ferida, aplicamos o remédio somente depois de lavar toda a sujeira e limpar a ferida. Caso contrário, ficará infeccionada e não será curada. Da mesma forma, o ego deve ser lavado com devoção, e o conhecimento deve ser aplicado. Somente então nós nos tornaremos expansivos.

298. Viemos de Deus. Uma pálida consciência disto está presente em nós. Esta consciência deve se tornar plena e completa.

299. Do esterco, as plantas surgem portando flores lindas e fragrantes. Da mesma forma, extraindo força das provas e atribulações da vida, cresçam para a grandeza.

300. Há muitas pessoas à nossa volta que lutam pela vida sem ter casa, roupas, alimento ou cuidado médico. Com o dinheiro que você gasta com cigarros durante um ano seria possível construir uma pequena casa para uma pessoa sem teto. Quando desenvolvemos compaixão para com os pobres, nosso egoísmo desaparece. Então, não estamos renunciando a nada, pelo contrário, tiramos satisfação da felicidade dos outros. Quando estamos livres do egoísmo, tornamos-nos dignos da graça de Deus.

301. Meus filhos, somente aqueles que estudaram podem ensinar. Somente aqueles que têm podem doar. E somente aqueles que são

completamente livres de tristezas podem liberar completamente os outros da tristeza.

302. Todo lugar tem um centro cardíaco onde se concentra toda a energia. A Índia é o coração do mundo. O Sanatana Dharma (religião eterna) que aqui se originou é a fonte de todos os demais caminhos. Quando se ouve a própria palavra "Bharatam" (Índia), sente-se o pulsar da paz, da beleza e da luz. A razão disto é que a Índia é a terra dos mahatmas. São eles que transmitem a força da vida, não apenas para a Índia, mas para todo o mundo.

303. A consciência de Deus permeia o frescor de uma brisa, a vastidão do céu, a beleza da Lua cheia, todos os seres e todas as coisas. Compreender isso é o objetivo da vida humana. Nesta Kali Yuga, um grupo de jovens, sacrificando tudo, espalhará a glória espiritual por toda parte.

304. Meus filhos, olhem para cima, para o céu. Sejam como o céu – vasto, pacífico e todo abrangente.

Glossário

Avatar: "Descenso". Uma encarnação do Divino. O objetivo de uma encarnação de Deus é proteger o bem, destruir o mal, restaurar a retidão no mundo e conduzir a humanidade ao objetivo espiritual da Auto--realização. É muito raro que uma encarnação seja um descenso total (*purnavatar*).

Bhajan: Canto de devoção.

Brahmacharya: "Habitar em Brahman." Celibato e disciplina da mente e dos sentidos.

Brahma Sutras: Aforismos pelo sábio Badarayana (Veda Vyasa) que expôs a filosofia védica.

Bhakti: Devoção.

Bhakti ioga: "União através do *bhakti*", devoção. O caminho da devoção e do amor. O modo de se atingir a Auto-realização através da devoção e da entrega total a Deus.

Dharma: "Aquilo que sustenta o universo". *Dharma* tem muitos significados, inclusive o da lei divina, a lei da existência em conformidade com a harmonia divina; retidão; religião; dever; responsabilidade; virtude; justiça; o bem e a verdade. *Dharma* significa os princípios internos da religião. O *dharma* último do ser humano é realizar sua própria Divindade inata.

Diksha: Iniciação.

Guna: A Natureza Primordial *[prakriti]* consiste de três *gunas*, isto é, qualidades ou tendências fundamentais, que são subjacentes a toda manifestação: *sattva, tamas* e *rajas*. Essas três *gunas* agem e reagem continuamente entre si. O mundo fenomênico é composto por diferentes combinações das três *gunas*.

Guru: "Aquele que remove a escuridão da ignorância". Mestre/guia espiritual.

Ioga: "Unir". Um conjunto de métodos através do qual se pode atingir a unicidade com o Divino. Um Caminho que conduz à Auto--realização.

Iogue: Alguém que está estabelecido na prática da ioga, ou está estabelecido em união com o Espírito Supremo

Japa: Repetição de um mantra.

Jnana ioga: "União por meio de *jnana*". O caminho do Conhecimento. O Conhecimento do Ser e da verdadeira natureza do mundo. Envolve um estudo profundo, sincero das escrituras sagradas, desprendimento [*vairagya*], discernimento [*viveka*], meditação e o a auto-investigação ("Quem/O que sou 'eu'?") e ("Eu sou Brahman"), que é usado para romper a ilusão de maia e atingir a Realização de Deus.

Karma ioga: "União por meio da ação". O caminho espiritual do serviço abnegado e da dedicação do fruto de todas as ações a Deus.

Krishna: "Aquele que nos atrai para si", "O Escuro". A principal encarnação de Vishnu, Deus em Seu aspecto preservador. Nasceu em uma família real, mas cresceu com pais adotivos e viveu como um jovem pastor de vacas em Vrindavan, onde era amado e adorado por seus companheiros dedicados, as gopis [pastoras] e os gopas [pastores]. Krishna mais tarde tornou-se governante de Dwaraka. Ele era amigo e conselheiro de seus primos, os Pandavas, especialmente Arjuna, a quem revelou seus ensinamentos no *Bhagavad Gita*.

Mahatma: "Grande alma". Quando a Amma usa a palavra "*mahatma*", ela está se referindo a um ser Auto-realizado.

Mala: Rosário, em geral feito de sementes de "rudraksha" ou contas de "tulasi" ou sândalo.

Mantra: Fórmula sagrada ou prece. Através da repetição constante, desperta os poderes espirituais dormentes do buscador e o ajuda a atingir a meta. É mais eficaz se recebido de um verdadeiro mestre espiritual.

Maia: Ilusão universal

Narasimha: O homem-leão divino. Encarnação parcial de Vishnu.

Ojas: Energia sexual transmutada em energia vital sutil através da prática espiritual do celibato.

Pranayama: Controle da mente através do controle da respiração.

Rishi: *Rsi* = saber. Vidente Auto-realizado. Em geral refere-se aos sete *rishis* da Índia antiga, isto é, às almas realizadas que puderam "ver" a Verdade Suprema e expressaram essa visão interior através da composição dos Vedas.

Samadhi: *Sam* = com; *adhi* – o Senhor. Unicidade com Deus. Um estado de concentração profunda, focada, no qual todos os pensamentos cessam, a mente entra em total quietude, e resta apenas a Consciência Pura, enquanto a pessoa reside no *Atman* [Ser].

Samskara: *Samskara* tem dois significados: a totalidade das impressões gravadas na mente por experiências (desta vida ou de vidas anteriores) que influenciam a vida de um ser humano – sua natureza, suas ações, seu estado mental etc. O despertar da compreensão correta (conhecimento) dentro de cada pessoa que conduz ao refinamento de seu caráter.

Sannyasin ou sannyasini: Um monge ou uma monja que tenha feito votos formais de renúncia. Um(a) *sannyasin(ni)* tradicionalmente usa roupas de cor ocre representando a queima de todos os apegos.

Satguru: Um mestre espiritual Auto-realizado.

Satsang: *Sat* = verdade, ser; *sanga* = associação com. Estar na companhia do sagrado, do sábio e do virtuoso. Também uma palestra espiritual por um sábio ou acadêmico.

Srimad Bhagavatam: Uma das 18 escrituras conhecidas como *Puranas*, que descrevem as encarnações do Senhor Vishnu e, especialmente bem detalhada, a vida de Sri Krishna, inclusive sua infância. Coloca grande ênfase no caminho da devoção.

Tamas/tamásico: Escuridão, inércia, apatia, ignorância. Tamas é uma das três *gunas* ou qualidades fundamentais da natureza.

Tapas: "Calor". Autodisciplina, austeridades, penitência e auto-sacrifício; práticas espirituais que queimam as impurezas da mente.

Vasana: *Vas* – que vive, que permanece. *Vasanas* são as tendências latentes ou desejos sutis dentro da mente, que têm tendência a se manifestar em ações e hábitos. *Vasanas* são os resultados coletados das impressões das experiências [*samskaras*] que existem no subconsciente.